이병철처럼 꿈꾸고
이건희처럼 도전하라

이병철처럼 꿈꾸고
이건희처럼 도전하라

김태광 지음

초판 1쇄 인쇄 | 2011년 3월 17일
초판 1쇄 발행 | 2011년 3월 21일

발행처 | 도서출판 작은씨앗
공급처 | 도서출판 보보스
발행인 | 김경용

등록번호 | 제 300-2004-187호   등록일자 | 2003년 6월 24일

서울시 서초구 서초동 1355-17 서초대우디오빌 1008호
전화 02 333 3773   팩스 02 735 3779
이메일 | ky5275@hanmail.net

ISBN 978-89-6423-124-1 43810

잘못된 책은 구입하신 서점에서 바꾸어 드립니다.

이병철처럼 꿈꾸고
이건희처럼 도전하라

김태광 지음

서문
자신보다 더 큰 꿈을 품고 거침없이 나아가라

세상에는 수많은 성공자들이 있다. 그들에게 성공 비결을 물어보면 그 대답은 다양하지만 요지는 같다. '꿈을 가지고 끊임없이 도전하라는 것이다.' 어떤 힘든 처지에 놓여있더라도 간절한 꿈과 그것을 이루기 위해 분투할 수만 있다면 미래는 밝다.

그동안 예술, 문화, 경영 등 각계에서 성공한 사람들의 성공 요인을 분석하여 책 집필과 강연으로 사람들에게 전하는 일을 해오고 있다. 며칠 전 한 대형학원에서 청소년들을 대상으로 '꿈'과 '도전'에 대해 특강을 한 바 있다. 이날 주제는 나는 '이병철처럼 꿈꾸고 이건희처럼 도전하라'였다. 나는 몇 해 전부터 삼성그룹 창업주 이병철 회장과 그의 삼남 이건희의 성공 비결에 대해 연구해왔다. 두 사람에 대해 쓴 여러 작가들의 책과 신문 기사 등 다양한 자료들도 면밀히 살펴보았다. 그 결과 고 이병철 회장과 이건희 삼성전자 회장의 성공 비결로 두 가지, '꿈'과 '도전'을 꼽을 수 있었다.

사람들은 이병철 회장이 어려서부터 아주 비범한 사람이었지 않았을까, 하고 생각한다. 하지만 전혀 그 반대이다. 그는 일곱 살 때부터 문산정(文山亭)이라는 서당에서 글을 익히기 시작했는데, 동무들 가운데 『천자문』을 가장 늦게 뗐다. 이것만 봐도 그는 공부하고는 거리가 멀다는 것을 알 수 있다.

그는 여느 아이들과 마찬가지로 서당에 가는 것보다 동무들과 장난치며 노는 것을 더 좋아했다. 종종 동무들과 놀기 위해 서당을 빼먹은 날도 있었다. 그때는 종아리에 피멍이 맺히도록 아버지에게 회초리를 맞아야 했다. 자, 이런 모습을 보면 고 이병철 회장이 너무나 평범한 사람이라는 것을 알 수 있다.

그런 그가 어떻게 국내최고에서 글로벌기업으로 우뚝 선 삼성그룹을 일궈낼 수 있었을까? 답은 '확고한 꿈'에서 찾을 수 있다. 그는 어려서부터 남들과 같은 평범한 인생을 살고 싶지 않았다. 그래서 경주시에 위치해 있는 지수보통학교에 다니던 중 아버지의 반대를 무릅쓰고 서울의 수송보통학교 3학년으로 편입했다. 자고로 사람은 큰물에서 놀아야 큰 인물이 된다고 믿었기 때문이다.

공부에 열중한 것도 잠시 이병철은 다시 일본에 가서 배워야겠다는 생각이 들었다. 그는 계획을 세우면 망설임 없이 곧장 행동으로 옮기는 성격이었다. 때문에 그는 초등학교와 중학교, 와세다대학을 다녔지만 모두 졸업장을 받지 못했다. 하지만 그는 자신의 가능성을 조금도 의심하지 않았다. 오히려 자신이 좋아하는 일, 즉 꿈을 찾기 위해 끊임없이 고민했다. 그리하여 자신이 갈 길이 사업가라는 것을 깨달았고, 가장 존경받는 기업가가 되었다.

이 책에 실려 있는 두 번째 주인공 이건희는 어떨까? 이건희 하면 '도전'이라는 수식어가 떠오른다. 그의 인생 역정 자체가 도전을 통해 눈부신 성공을 창조했기 때문이다. 그의 선택과 집중, 끝없는 도전정신으로 삼성은 이류기업에서 세계최고 가치의 브랜드를 가진 기업으로 거듭났다.

'비범한 존재'로 알려진 이건희의 어린 시절은 어떠했을까? 대부분 사람들은 재벌집의 자식이었던 덕분에 아주 특별하게 성장하지 않았을까, 하고 추측한다. 물론 특별하게 자란 것은 맞다. 하지만 그 과정에서 그는 보통 사람들은 겪어보지 못할 심한 외로움과, 고통을 경험해야 했다.

이건희는 부산사범부속초등학교 5학년 때 어쩔 수 없이 일본 도쿄로 유학을 떠났다. "선진국을 보고 배워라"는 아버지의 지시 때문이었다. 내성적이었던 그는 말도 안 통하는 낯선 나라에서 일본 아이들과 공부해야한다는 것이 눈앞이 캄캄했다. 이건희는 일본어 공부와 학교 공부를 병행해야하는 탓에 즐거워야할 유학생활은 지옥과 같았다.

이건희를 가장 힘들게 했던 것은 후진국에서 온 한국인에 대한 일본인의 차별이었다. 그는 내성적인데다 일본어까지 할 줄 몰랐기 때문에 친구들에게서 심한 따돌림을 당했다. 그래서일까, 그는 어떤 일이건 일본에게 지고 싶지 않았는지 모른다.

이건희가 걸어온 발자취를 보면 정말 독하다는 생각이 든다. 마음먹으면 독하게 집중했고 도전했다. 삼성전자도 이건희의 도전정신 덕분에 탄생할 수 있었다. 그가 반도체 사업을 하기 위해 한국반도체를 인수하려고 하자, 이병철 회장은 천문학적인 자본이 들어갈 뿐 아니라 위험성이 높다는 이유로 반대를 했다. 하지만 아버지의 반대에도 불구하고 그는 한국반도체 인수를 포기하지 않았다. 그리고 오늘날 삼성전자를 세계 최고 경쟁력을 갖춘 기업으로 성공시켰다.

여러분, 나는 이 책에 이병철·이건희 부자의 성공 비결을 담았다. 물론 이 두 사람이 걸어왔던 발자취가 모든 성공의 비결이 되어주지는 못한다. 하지만 눈부신 성공을 이룬 그들을 따라 자신의 꿈을 향해 매진한다면 여러분도 자신의 분야에서 한 획을 그으리라 확신한다.

마지막으로 당부하고 싶은 말이 있다. 여러분은 이병철 회장, 이건희 부자보다 더 큰 성공을 일궈낼 수 있다는 것이다. 그러기 위해 여러분보다 더 큰 꿈을 품고 거침없이 나아가기 바란다.

김태광

PART 01
이병철
도전과 용기

간절히 꿈꾸고 뜨겁게 도전하라
될성부른 나무는 떡잎부터 알아본다 13
사업에 모든 것을 걸겠어! 22
마산에서 가장 큰 정미소를 세우다 28
욕심이 지나치면 화를 부른다 36
삼성상회, 첫 걸음마를 시작하다 44
더 큰 꿈을 향해 나아가다 50
재물보다 사람을 남겨라 57
시작한 일은 끝장을 본다 63

한걸음 한걸음이 인생이다
진짜 학교는 인생이라는 학교이다 73
논어에서 답을 구하다 78
의인물용 용의물의(疑人勿用 用人勿疑) 83
나의 경쟁상대는 세계 최고이다 89
2보 전진을 위한 1보 후퇴 97
사람이 기업을 만든다 108

시련이 클수록 성공은 더욱 빛난다
해뜨기 직전이 가장 어둡다 117
사력을 다하면 안 되는 일이 없다 122
죽음의 문턱에서 다시 시작하다 128
크게 보고 멀리 보라 136
도전하고, 또 도전하라 141
이름보다 꿈을 남기고 떠나다 151

PART 02
이건희
선택과 집중

대나무는 마디가 많을수록 단단하다

평범했던 어린 시절 159
일본 유학시절, 외로운 황태자 163
대나무는 마디가 많을수록 단단하다 166
첫 직장 동양방송, 시청률 1위로 도약시키다 173
최초의 실패, 인생의 보약이다 178
삼성병을 고치지 못하면 삼성은 망한다 185
바꾸지 않으면 죽는다, 신경영 선언 189
잿더미에서 탄생한 애니콜 신화 196

공부하는 독종이 세상의 주인공이 된다

영화를 통해 눈 뜨게 된 입체적 사고 203
미쳐야 미친다, 한 가지에 목숨을 걸어라 206
나는 사람에 대한 공부를 제일 열심히 한다 212
청년 이건희의 선견지명, 한국반도체를 인수하다 217
세계 최고가 아니면 살아남을 수 없다 224
세계 일류기업을 벤치마킹하라 230
인생을 성공으로 이끈 두 분의 스승 234

내가 나를 믿지 않으면 아무도 나를 믿지 않는다

일류가 아닌 이류는 매일 분주하다 245
머리끝부터 발끝까지 바꿔라 251
지독한 강연가로 변신하다 257
버릴 것은 버리고 합칠 것은 합쳐라 263
미래는 진짜 공부를 하는 사람의 것이다 267
구르는 돌에 이끼가 끼지 않는다 273

PART
01

이병철, 도전과 용기

- 간절히 꿈꾸고 뜨겁게 도전하라
- 한걸음 한걸음이 인생이다
- 시련이 클수록 성공은 더욱 빛난다

01

간절히 꿈꾸고 뜨겁게 도전하라

- 될성부른 나무는 떡잎부터 알아본다
- 사업에 모든 것을 걸겠어!
- 마산에서 가장 큰 정미소를 세우다
- 욕심이 지나치면 화를 부른다
- 삼성상회, 첫 걸음마를 시작하다
- 더 큰 꿈을 향해 나아가다
- 재물보다 사람을 남겨라
- 시작한 일은 끝장을 본다

될성부른 나무는 떡잎부터 알아본다

이병철은 경상남도 의령군 정곡면 중교리에서 두 명의 누이와 한 명의 형을 둔 사남매 중 막내로 태어났다. 이곳은 예부터 산간벽촌이라고 불리던 지역이었다. 병철이 태어난 시기는 한일병합조약으로 일제가 조선총독부를 설치해 한반도를 지배하던 시절이었다.

병철의 아버지 이찬우는 1,000석의 지주였는데 하루가 멀다 하고 사람들이 드나들었다. 이때 병철은 아버지와 손님들이 나누는 대화를 통해 조선의 독립을 위해 머리를 맞대어 의논한다는 것을 알 수 있었다.

병철은 일곱 살 때부터 문산정(文山亭)이라는 서당에서 글을 익히기 시작했다. 당시는 전국 곳곳에서 신식 학교들이 문을 열고 있었지만 중교리는 워낙 시골이었기 때문에 문산정이 글을 배울 수 있는 유일한 학교였다. 특히 문산정은 병철에게 남다른 곳이었다. 할아버지가 세운 서당이었기 때문이다.

병철이 서당에서 배웠던 첫 교본은 『천자문』이었는데, 그는 뜻을 이해하지 못한 채 소리 내어 읊어야 했다. 훗날 그는 당시를 이렇게 회상했다.

"의미도 이해하지 못한 상태에서 암기를 강요당하는 것이 몹시 싫었다."

그래서일까, 병철은 서당에서 함께 공부한 동무들 가운데 『천자문』을 가장 늦게 뗐다. 『논어』와 『자치통감』은 5년 가까이 걸렸다. 덕분에 병철은 서당에서 종종 스승에게 매를 맞아야 했다. 스승은 병철에게 회초리를 댈 때마다 이렇게 혼잣말을 했다.

"문산 선생님의 손자가 이래가지고서야 쯧쯧!"

서당에서 함께 공부했던 아이들 가운데 『천자문』을 두세 달 만에 통독한 아이도 있었는데, 그것을 보면 병철은 공부 쪽에는 그리 뛰어난 편은 아니었던 듯하다.

병철은 서당에 가는 것보다 동무들과 장난치며 노는 것을 더 좋아했다. 간혹 동무들과 놀기 위해 서당에 가지 않은 날이 있었는데 그때는 종아리에 피멍이 맺히도록 아버지에게 회초리를 맞았다.

병철의 아버지는 유교적인 미덕을 매우 중요시하는 분으로 자식들을 훈육함에 있어 매우 엄격했다. 그래서 병철이 아이들과 놀다가 늦게 들어오거나 글공부를 하지 않으면 막내임에도 불구하고 회초리를 들었던 것이다. 그렇다고 아버지가 자신의 고집대로 자식들을 훈육하거나 공부에만 집착하는 사람은 아니었다. 올바른 자식 교육을 위해 공부보다는 품성을 더 중시하고 때로 묵묵히 기다릴 줄 아는 사람이었다.

아버지는 늘 자식들에게 이렇게 말했다.

"사람에게 있어 공부도 중요하다. 하지만 공부보다 더 중요한 것이 있다. 바로 정직한 마음이다. 아버지는 너희들이 거짓말하지 않고 정직한 사람으로 성장했으면 한다."

병철을 비롯한 형제들은 아버지의 말씀을 가슴에 새겼다. 어린 시절에는 아버지의 말씀이 가슴 깊이 와 닿지 않았지만 병철은 훗날 사업을 하면서 아버지의 말씀을 종종 떠올리며 되새기곤 했다.

어린 시절 병철은 마을에서 골목대장이었다. 병철이 덩치가 크고 싸움을 잘해서 골목대장이 된 것은 아니었다. 오히려 그 반대였다. 체구는 다른 아이들에 비해 작았지만 지는 것을 몹시 싫어했고 입담에서 병철을 따라올 아이들이 없었다. 무조건 이겨야 직성이 풀리는 데는 이유가 있었다. 서당에서는 공부가 다른 아이들에 비해 뒤처졌지만 놀이만큼은 어떤 일이 있어도 이기고 싶었기 때문이다.

병철은 상대가 자신보다 나이가 많은 형이어도 아랑곳없이 잘잘못을 가렸다. 그러다보니 종종 몸싸움이 일어나곤 했다.

"아니, 어떻게 형 마음대로 놀이 규칙을 바꿀 수 있어?"

"규칙을 바꿔가면서 해야 더 재미있잖아."

"그런 게 어딨어? 비겁하게. 그냥 원래대로 해."

"뭐? 비겁하다고? 병철이, 너 혼나고 싶어?"

"자기 뜻대로 안 해준다고 다른 사람을 괴롭히는 게 비겁한 거지, 뭐야?"

"…뭐?"

"그렇잖아. 나는 형이 그런 사람인줄 몰랐어. 정말 실망이야."

"아, 알았어. 그냥 원래 규칙대로 하면 되잖아. 에휴~."

누구도 병철과 말씨름을 해서 이긴 사람이 없었다. 만일 시비가 붙어 상대가 달아나버리면 집까지 쫓아가 옳고 그름을 따지곤 했다. 그래서 자신보다 나이가 많은 형들도 그런 병철에게 백기를 들었다. '될성부른 나무는 떡잎부터 알아본다'는 말처럼 병철은 보통 아이들과는 사뭇 달랐다.

어느덧 병철은 열한 살이 되었다. 병철은 시골 아이들이 모여 글공부를 하는 서당에 싫증이 났다. 그때 그는 집을 드나드는 도시 사람들로부터 신식학교에 대해 듣게 되었다. 그는 신식학교에 다니면 서당보다 신나고 재미있는 일이 더 많을 것 같았다.

'아, 신식학교에 다니고 싶다. 그곳에서 공부하면 더 많은 친구들도 사귈 수 있고 더 재미있을 텐데…'

병철은 매일같이 신식학교에 다니고 싶다는 생각이 들었다. 그러다 그는 어머니를 조르기 시작했다.

"어머니, 이제 서당이 아닌 신식학교에서 공부하고 싶어요. 열심히 공부할게요."

하지만 어머니는 들은 체 만 체했다. 그렇다고 이쯤에서 포기할 병철이 아니었다. 어머니를 졸졸 따라다니며 치맛자락을 잡고 떼를 쓰기 시작했다.

"어머니, 서당에서 더 이상 배울 게 없어요. 저도 신식학교에서 공부하고 싶어요. 어머니가 아버지께 잘 말씀드려주시면 되잖아요."

비록 아버지는 매우 엄한 사람이었지만 어머니는 정이 많고 따뜻한 사람이었다. 하는 수없이 어머니는 아버지에게 병철을 신식학교에 보내는 것에 대해 말을 꺼냈다. 처음에 아버지는 병철이 신식학교에 다니는 것에 대해 부정적이었지만 어머니의 설득에 마침내 허락했다.

병철은 열세 살이 되던 해, 진주시로 시집간 둘째 누나 집과 가까운 지수보통학교 3학년에 편입했다. 신식학교생활은 서당에 비해 모든 것이 낯설었지만 즐거웠다. 첫 여름방학이 되자 병철은 고향으로 돌아가 서당 친구들에게 학교생활에 대해 들려주었다. 병철의 이야기를 들으면서 아이들은 하나같이 부러워했다.

며칠 후 서울에서 보통고등학교에 다니다 잠시 고향에 내려온 사촌형을 만나게 되었다. 병철은 그때 사촌형을 통해 진주보다 더 큰 도시인 서울에 대한 이야기를 듣게 되었다.

"서울은 우리나라에서 가장 크고 넓은 곳이지. 높고 세련된 건물하며 사람들은 또 어찌나 많은지, 사람은 자고로 서울에서 살아야

출세할 수가 있어."

사촌형으로부터 서울 이야기를 듣고 있던 병철은 풀이 죽고 말았다. 자신이 있는 진주시가 서울에 비하면 비교할 수 없을 만큼 보잘것 없는 곳이라는 생각이 들었기 때문이다. 그러면서 마음속에서 무언가가 꿈틀대며 고개를 들었다. 서울에서 살고 싶은 열망이었다.

병철은 마음속으로 다짐했다.

"그래, 나도 서울에서 공부해야겠어."

병철은 서울에 있는 학교에 다니기 위해 어머니를 설득하기 시작했다. 하지만 이번에는 어림도 없었다. 어머니는 진주에 있는 지수보통학교에 들어간 지 일 년도 안 되어 또 다시 서울에 있는 학교로 전학가고 싶어 하는 병철이 도무지 이해가 되지 않았다.

"서울이나 진주, 별반 다를 게 있겠니? 그냥 지금 다니는 학교에 열심히 다니도록 해라. 아버지 아시면 불호령 떨어진다."

하지만 병철은 끝까지 어머니를 설득했다.

"어머니, 같은 값이면 다홍치마라는 말도 있잖아요. 기왕 공부하는 거 서울에서 공부하고 싶어요. 허락해주세요."

어머니는 병철의 말을 듣고 보니 일리가 있다고 생각했다. 그래서 어머니는 아버지에게 이야기를 꺼냈다. 아버지는 버럭 화부터 냈다. 하지만 어머니의 말을 듣고 나서 아버지 역시 어차피 병철을 객지에서 공부시킬 바에는 서울에서 시키는 것이 낫겠다는 판단이 들었다.

"말은 제주도로 사람은 서울로 보내라는데, 서울에서 공부하면

병철이가 더 큰 인물이 되겠지."

마침내 아버지가 허락을 하셨다.

"서울 가면 지금껏 해왔던 대로 공부해선 안 된다. 열심히 공부하거라."

"네, 아버지, 명심하겠습니다.

아버지는 겉으로는 엄격했지만 속으로는 누구보다도 병철이 잘되기를 바랐다. 아버지와 어머니는 혼자서 기차를 타고 가야하는 병철을 떠나보내려니 걱정이 앞섰다. 어머니는 기차가 산을 돌아 보이지 않을 때까지 연신 손을 흔들었다.

병철은 초가을, 서울의 수송보통학교 3학년으로 편입했다. 첫 등교 날 병철은 들뜬 마음으로 교실로 들어섰지만 이내 큰 어려움에 부딪혀야했다. 사투리가 얼마나 심했던지 서울 친구들이 말을 알아듣지 못했던 것이다. 병철은 서울말을 쓰는 아이들의 말을 어느 정도 알아들있지민 서울 아이들은 병철의 말을 도무지 알아듣지 못했다.

시간이 지나면서 병철을 따돌리는 아이들이 생겨났다. 고향에서는 천석꾼의 부잣집 자식이었지만 서울에서는 촌놈이었다. 물론 병철을 따뜻하게 챙겨주는 아이들도 있었다. 하지만 병철은 물과 기름처럼 서울 아이들과 한데 섞이지 못한 채 심한 외로움을 느꼈다.

빙철의 석차는 반 50명 가운데 35등에서 40등 사이였다. 국어 과

목은 50점이었고 음악, 미술, 체육 등도 겨우 낙제를 면할 정도였다. 평소 공부에 흥미가 부족했던 병철은 방과 후 교실에 남아 과제를 끝내고 가는 일이 많았다.

병철은 자신보다 나이가 어린 아이들 사이에서 심한 열등감에 휩싸였다. 그때 그는 한 해에 5, 6학년 과정을 마칠 수 있는 속성과라는 것이 있다는 것을 알게 되었다. 서울에서 4학년을 마치고 고향에 내려간 병철은 아버지에게 말했다.

"5, 6학년을 일 년 안에 마칠 수 있는 속성과가 있는 중동중학교 속성과에 들어가고 싶습니다."

아버지는 이번에는 별 반대 없이 허락했다.

병철은 중동중학교 속성과에 들어가 죽을힘을 다해 공부한 끝에 일 년 안에 5, 6년 과정을 마칠 수 있었다. 그리하여 계획대로 별 어려움 없이 중동중학교 본과에 진학할 수 있었다.

병철이 중동중학교 본과에서 한창 공부에 열을 올리고 있을 때였다. 고향에서 한 통의 편지가 도착했다.

'네 혼담이 이뤄져 음력 12월 5일에 혼례를 올리기로 했으니 집으로 내려오너라.'

당시에는 조혼 풍습이 남아 있어 대부분 일찍 결혼했다. 하지만 병철은 난데없이 결혼을 해야 한다는 편지 내용에 머릿속이 복잡해졌다.

'열일곱 살에 결혼이라니, 이제 내 자유는 없겠구나.'

아버지는 병철이 혼례를 치르고 아이를 낳으면 좀 더 어른스러워질 것이라고 생각하여 이런 결정을 내린 것이었다. 병철은 마음에 내키지 않았지만 아버지의 뜻에 따라 박두을이라는 처자와 결혼을 올렸다. 그렇게 해서 병철은 한 가정의 가장이 되었다.

병철은 결혼식을 하고나서 하던 공부를 마치기 위해 혼자 서울로 향했다.

사업에 모든 것을 걸겠어!

 병철은 속성과를 거치면서 중학교에 진학했지만 몇 해가 지나자 다시 공부가 시들해졌다. 병철은 자신의 가슴을 채워줄 무언가가 필요했다.
 '나랑 공부는 안 맞는 것 같아. 그렇다면 무얼 해야 즐겁고 내 소질을 살릴 수 있을까?'
 병철은 매일같이 무언가 새롭고 신기한 일이 없을까, 하고 생각했다. 이런 마음을 가질수록 학교 공부는 관심 밖으로 밀려났다.
 어느 날 병철은 매일 똑같은 일상에서 벗어나야겠다는 생각이 들었다. 그러기 위해선 먼저 학교를 그만두어야한다는 결론에 이르렀다. 하지만 일 년만 더 다니면 중학교 졸업장을 받을 수 있었다. 병철은 고민에 빠졌다.
 '아, 어쩌지? 일 년만 더 다니면 중학교 졸업장을 받을 수 있는

데…, 하지만 그렇다고 하기 싫은 공부를 억지로 할 순 없잖아. 세상에는 가슴을 뛰게 하는 새로운 일들이 얼마나 많은데.'

고민 끝에 병철은 학교를 떠나기로 결단을 내렸다. 그리고 일본에 가서 눈부시게 발전하고 있는 일본을 배워야겠다고 다짐했다.

병철은 자신의 결심을 실행에 옮겼다. 여름방학 때 고향에 내려가 아버지에게 자신의 결심을 말씀드렸다.

"아버지, 잠시 일본에 다녀오겠습니다. 허락해주십시오."

아버지는 크게 화를 냈다. 돌아오는 것은 엄한 질책이었다.

"이놈아! 지금 제 정신인 거냐? 일 년만 더 다니면 졸업인데, 가긴 어딜 가겠다고 그러는 거냐? 안 된다! 하던 공부나 마저 마치 거라!"

병철은 아버지를 설득했다.

"아버지, 지금 일본은 자신들이 최고라고 떠들어대고 있어요. 그래서 일본으로 가서 제 눈으로 직접 배우고 싶어요. 무엇보다 세계가 어떻게 흘러가는지도 보고 싶어요."

병철은 어머니를 힐끔 쳐다보았다. 어머니 역시 병철에게 화가 났는지 못 본체 했다.

"모든 일에는 반드시 시작이 있으면 끝이 있는 법이다. 열여덟 살이나 된 녀석이 아직 그것도 모른단 말이냐?"

아버지의 반대는 생각보다 강했다.

일본으로 유학을 가기로 결심한 이상 병철은 결코 자신의 목표를 포기하지 않았다. 다음 날도 아버지에게 일본 유학을 허락해달라고 졸랐다. 아버지는 자꾸 쓸데없는 말을 하면 다리몽둥이를 부러뜨리겠다고 으름장을 놓았다. 하지만 자식 이기는 부모 없다고 아버지는 병철의 뜻에 굴복하고 말았다. 사실 처음부터 아버지는 병철의 일본 유학에 반대했던 것은 아니었다. 다만 하던 공부를 다 마치지 않은 상황에서 일본으로 간다는 말에 크게 실망했던 것이다.

1930년 봄, 병철은 와세다대학에서 공부할 계획을 세우고 일본 시모노세키항으로 가는 배에 올랐다. 3,000톤급의 큰 배였는데도 배 안의 시설은 그다지 좋지 않았다. 파도 때문에 배는 심하게 흔들렸고 병철은 멀미에 시달렸다. 병철은 갑판에서 시원한 바람을 쐰 후 2등 선실보다 시설이 좋은 1등 선실로 가려고 했다. 그러자 일본인 형사가 다가오더니 다짜고짜 고함치듯 말했다.

"보아하니 조선인 같은데, 1등 선실에 조선인은 들어갈 수 없다!"

병철은 형사에게 돈을 더 주겠다고 부탁했지만 형사는 욕설까지 섞어가면서 얼씬도 못하게 했다. 병철은 화가 머리끝까지 치솟았지만 꾹 참고 2등 선실로 발길을 돌렸다. 이때 약소국의 비애를 뼈저리게 느낄 수 있었다.

'나라가 힘이 없으니 국민들까지 무시를 당하는구나. 나라는 반드시 강해야한다. 강한 나라가 되려면 경제를 발전시켜 잘 사는 나라를 만들어야 한다.'

이틀 후 병철은 시모노세키항에 도착했다. 일본에 도착한 병철은 먼저 도쿄에 자취방을 정한 뒤 여기저기 발길 닿는 대로 돌아다녔다. 병철은 눈부시게 성장하고 있는 일본의 실체를 직접 눈으로 보고자 했다. 그런데 당시 미국 월스트리트에서 시작된 금융위기는 세계를 휩쓸었고 일본 역시 심각한 불황의 늪에 빠져 있었다. 생필품 시세가 폭락하고 도산하는 기업이 속출했다. 거리에는 일자리를 구하지 못한 실업자들이 넘쳐났다.

'일본이 눈부시게 발전하고 있다는 것이 소문과 다르구나.'

하지만 병철은 일본에 온 이상 일본에서 배울 수 있는 점은 모조리 배우겠다고 마음먹었다.

병철은 와세다대학 정치경제학과에 들어갔다. 와세다대학 정치경제학과는 일본의 이름난 기업가들을 배출한 대학이었다.

병철은 그동안 초등학교와 중학교를 끝까지 마치지 못했지만 와세다대학에서는 달랐다. 강의 시간에 빠진 적이 없었고 교수의 강의에 몰입하기 위해 항상 앞줄에 앉았다. 병철은 와세다대학에 와서야 공부가 세상에 제일 재미있다는 것을 깨닫게 되었다.

병철은 자신이 몸담고 있는 와세다대학을 나온 기업가들의 성공 스토리를 들으면서 기업가에 대한 꿈을 꾸었다. 그 무렵 병철은 다양한 책들을 읽었는데 그 가운데 힘든 노동조건에서 일하는 방적공장 여공들의 삶을 그린 일본 소설인 『여공애사』를 읽으며 일본 여공들의 강한 생활력에 깊은 감명을 받았다.

당시 일본은 깊어진 불황 탓에 하루가 멀다 하고 집회가 열렸다.

와세다대학에서도 종종 집회가 열렸는데 병철은 집회에 참가해 거리에서 시위를 벌이다가 경찰에 연행되어 유치장에서 이틀 밤을 보내기도 했다.

그렇다고 병철이 집회에 참가해 많은 시간을 허비한 것은 아니었다. 일본의 다양한 신문물을 체험하고 배우고 자신의 것으로 만들었다. 언젠가 일본에서 익히고 배운 모든 지식과 정보들이 큰 재산이 될 것이라고 믿었다.

어느 날 부턴가 병철은 몸에 힘이 없고 매사에 의욕이 없었다. 시간이 지나면서 걷기도 힘들어져 방에만 누워 지내야 했다. 학교에 결석하는 날이 늘었고 거동할 수조차 없어 굶는 날도 많았다. 영양분 가운데 티아민이 부족해 생기는 '각기병'에 걸린 것이었다.

방안에만 누워 지내자 병철은 마음이 우울해졌다.

'부모님께 큰 소리치고 일본까지 왔는데… 이게 뭐야? 방안에만 틀어박혀 산송장이 따로 없구나. 이번만큼은 꼭 와세다대학에서 졸업장을 받으려고 했는데…'

병철의 눈에 눈물이 맺혔다. 부모님을 또 다시 실망시켜드린 것에 대한 죄송한 마음과 일본에서 공부하겠다는 자신의 목표를 이루지 못한데서 오는 자괴감 때문이었다.

병철은 몸이 나아질 기미가 보이질 않자 일본 유학생활을 접고 고향으로 돌아가기로 결심했다. 일본으로 온지 일 년여 만이었다. 하지만 병철은 일 년 동안 일본에 머무르면서 세상의 정세에 대해 어느 정도 눈을 뜰 수 있었다.

   병철은 와세다대학을 중퇴 하고나서 부모님께는 아무런 연락도 하지 않은 채 조용히 고향으로 향했다.

마산에서 가장 큰 정미소를 세우다

어느 날, 갑자기 가방 하나만 덜렁 들고 나타난 병철이 집 마당으로 들어서자 집안이 발칵 뒤집혔다. 가장 먼저 병철을 발견한 어머니가 달려와 물었다.

"병철아, 이게 웬일이냐?"

사실 그동안 어머니는 피붙이 하나 없는 일본에서 고생하고 있을 막내아들 생각에 밤잠을 설친 적이 한두 번이 아니었다. 그래서 병철을 보자 기쁜 마음이 앞섰지만 이내 얼굴에 그늘이 졌다. 공부를 끝마치지 않고 중도에 돌아온 것을 알면 아버지가 노발대발할 것이기 때문이었다.

그런데 병철을 본 아버지의 반응은 뜻밖이었다. 화도 내지 않고 조용한 어조로 말했다.

"너도 생각이 있어서 이런 결정을 내렸을 것이라고 믿는다. 우선

몸조리부터 하거라."

　병철은 복잡한 생각에서 벗어나 가장 먼저 건강부터 회복해야겠다고 생각했다. 맑은 공기와 편안한 환경에서 지내자 이내 몸이 회복되었다. 몸이 회복되자 병철은 근심이 생겼다. 자신의 앞날에 대해 불안했기 때문이다.

　'나는 이제 무얼 하며 살지?'

　'무얼 해서 처자식을 먹여 살릴 수 있을까?'

　아무리 생각해도 이 고민의 해답을 찾을 수 없었다. 오히려 머릿속만 더 복잡해질 뿐이었다.

　사람들은 진로 때문에 고민하는 병철이 이해가 되지 않았다. 일본의 와세다대학에서 정치경제학을 공부한 병철이 마음만 먹으면 은행원이 될 수도 있었기 때문이다. 당시 은행원으로 취직한다는 것은 평생직장을 얻는다는 것을 뜻했다. 부모님도 은근히 병철이 은행원이 되기를 원하는 눈치였다.

　그러나 병철은 은행원 생활을 하며 인생을 마치고 싶지 않았다. 안정적인 직장보다 자신이 진정으로 원하는 일, 나중에 인생을 되돌아보았을 때 후회 하지 않을 가슴 뛰는 일을 하고 싶었다. 마음은 자신이 원하는 일을 하고 싶었지만 아무리 생각해도 자신이 원하는 일이 어떤 것인지 떠오르지 않았다.

　하루는 병철이 친구들과 술을 마시다 밤늦은 시간에 술집을 나와 집으로 향했다. 아내와 아이들은 잠들어 있었고 달빛이 아이들의 얼굴을 비추고 있었다. 그때 내면에서 이런 소리가 들렸다.

'더 이상 허송세월 할 순 없어. 내가 원하는 일은 사업이야. 그동안 나는 어떤 일이건 진득하게 해본 일이 없어. 하지만 사업만큼은 다를 거야. 처음부터 끝까지 최선을 다해 어떤 시련이 닥쳐도 이겨 낼 거야. 사업에 내 모든 인생을 걸겠어.'

그 순간 머릿속이 환해지고 심장이 마구 뛰는 것을 느꼈다. 심장이 어찌나 세차게 뛰는지 아내와 아이들이 깰 것 같았다.

병철은 먼동이 터올 때까지 한숨도 자지 않았다. 그 대신 앞으로의 진로와 사업계획에 대해 생각했다.

며칠 동안 병철은 자신의 사업계획을 구체화시켰다. 그리고 용기 내어 아버지에게 자신의 뜻을 말씀드렸다. 병철은 긴장한 모습으로 아버지의 안색을 살폈다. 하지만 아버지는 실망하는 표정이 아닌 기쁜 표정으로 물었다.

"그래, 앞으로 어떤 사업을 할 생각이냐?"

"아직 거기까지는 미처 생각하지 못했습니다. 하지만 저는 저의 적성과 소질이 사업에 맞다고 생각합니다. 사업만큼은 중도에 포기하지 않고 최선을 다하겠습니다. 아버지, 두 번 다시 실망시켜드리지 않겠습니다."

아버지는 병철의 태도를 통해 이전과는 사뭇 다르다는 것을 느꼈다.

"그래, 네 뜻을 알겠다. 나는 네 말을 믿는다."

아버지는 이어서 말했다.

"너는 한시도 처자식을 거느린 한 집안의 가장이라는 것을 잊어선 안 된다. 어떤 일을 하더라도 책임의식을 가지고 해야 한다는 뜻이다."

"예, 반드시 명심하겠습니다."

"네 몫으로 떼 놓은 300석지기 땅이 있다. 그것을 미리 줄 테니까 사업 밑천으로 활용하거라. 이 재산을 더 크게 늘리든 까먹든 이제는 네 스스로 알아서 해야 한다. 이것이 아버지로서 네게 해줄 수 있는 마지막이라는 것을 잊지 말거라."

"예, 아버지. 명심하겠습니다. 절대 실망 시켜드리지 않겠습니다."

병철은 이제부터 달라지겠다고 결심했다. 무엇을 하든 끝까지 최선을 다하고, 어려움이 닥치더라도 달아나지 않고 맞서 싸우겠다고 맹세했다.

병철은 아버지가 주신 300석지기 땅을 팔아 사업자금을 마련했다. 아버지가 주신 땅은 결코 적은 재산이 아니었다. 여느 시골에서 부자소리를 들을 수 있는 재산이었지만 사업자금으로는 넉넉하지 못했다.

'부족한 금액은 무얼 할지 적당한 사업을 정한 후에 생각해도 늦지 않아.'

병철은 사업을 정하기 위해 전국을 돌아다녔다. 처음 시작하는 사업이니만큼 대도시에서 하고 싶었다. 그래서 대구, 부산, 서울, 평양 등을 돌며 조사했다. 하지만 대도시의 대부분의 상권은 이미 일본 상인들이 모두 차지하고 있었다.

'어설프게 일본인들 틈에서 사업을 시작했다가는 본전도 못 건지고 거덜나고 말겠어.'

병철은 대도시에서 사업을 하겠다는 생각을 접고 고향에서 가까운 마산을 선택했다. 당시의 마산은 물이 맑고 기후가 온화한 소규모 항구도시였다. 병철은 마산의 곳곳을 돌아다니며 여러 가지 시장조사를 했다. 철저한 조사를 하고 나서 의문의 여지가 조금도 남아 있지 않을 때 일에 착수했다.

마산 곳곳을 돌아다녀본 병철은 이상하게도 유난히 정미사업이 뒤떨어져 있다는 사실을 알게 되었다. 병철은 우선 정미사업 쪽으로 생각해놓고 마산 전 지역을 돌아다니면서 정미사업에 대해 조사했다. 그러자 제대로 된 설비를 갖춘 정미소는 일본인이 운영하는 단 한 곳뿐이었다. 그런데 대부분의 정미소에는 도정하기 위해 순서를 기다리는 볏가마니가 마당에 산더미처럼 쌓여 있었다.

그 광경을 본 병철은 확신이 들었다.

'그래, 바로 이거야!'

병철은 수요가 많지만 그 수요를 감당할 수 있는 설비를 갖춘 곳은 일본인이 운영하는 정미소뿐이었기에 설비를 제대로 갖춰서 크게 시작한다면 충분히 성공할 수 있다는 생각이 들었다.

'좋아, 마산 일대에서 가장 규모가 큰 정미소를 차리자.'

병철은 자신의 계획에 확신을 가지면 곧장 행동으로 옮겼다. 하지만 마산에서 가장 큰 규모의 정미소를 짓기 위해선 가지고 있는 사업자금으로는 부족했다. 그래서 함께 사업을 할 동지를 모으기 위해 동분서주했다. 병철의 사업 제안에 두 명의 친구가 뜻을 같이했다. 그렇게 해서 세 사람은 각각 1만원씩 출자해 3만원으로 마산 북부에 협동정미소를 차리기로 의견을 모았다.

그러나 세 사람이 공동 출자해도 마산에서 제일 큰 규모의 정미소를 짓기에는 자금이 부족했다. 그렇다고 아버지에게 또 다시 손을 벌릴 수는 없었다.

'뭐 좋은 묘안이 없을까?'

병철은 부족한 자금을 메울 수 있는 방법을 생각했다. 그러다 식산은행 마산지점을 찾아가 대출을 받기로 마음먹었다. 하지만 마음 한 편으로 은행에서 자신에게 돈을 빌려줄지 확신이 서지 않았다.

병철은 일단 부딪혀보기로 마음먹었다. 식산은행 마산지점장인 히라다 씨를 찾아갔다.

"대출을 신청하러 왔습니다."

"네, 알겠습니다. 먼저 당신이 돈을 상환할 수 있는지 몇 가지 확인을 하겠습니다."

히라다 씨는 병칠에게 몇 가지 어려운 질문을 던졌다.

"최근 곡물 가격의 변동이 심한데 그 이유는 무엇이라고 생각합니까?"

대부분 정미사업을 하는 사람이 몰라도 되는 수준 높은 질문이었다. 병철은 히라다 지점장이 자신에게 트집을 잡아 대출을 해주지 않으려고 한다는 것을 알고 있었다. 그래서 병철은 자신이 알고 있는 모든 지식을 동원해 당당하게 의견을 말했다. 그러자 히라다 지점장은 놀란 표정으로 말했다.

"정미사업에 대해 잘 알고 있군요. 하지만 조금 더 검토를 거친 뒤에 대출조건에 맞는다면 대출을 해드리겠습니다."

병철은 자꾸만 미적거리는 히라다 지점장에게 화가 났다.

"보시는 바와 같이 사업계획서는 완벽하다고 생각합니다. 그리고 저를 비롯한 두 사람은 고향에 땅을 가지고 있기에 담보능력도 충분하다고 생각하는데요."

"그렇군요. 대출조건에 꼭 맞는군요."

이렇게 해서 병철은 식산은행에서 부족한 사업자금을 대출받아 '협동정미소'라는 간판을 내걸 수 있었다. 협동정미소라는 이름은 서로 돕고 단결하여 사업을 성공적으로 이끌자는 뜻이 담겨 있었다.

병철이 두 친구와 함께 3만원이라는 출자금으로 협동정미소를 차리자 마산지역에는 소문이 파다했다. 더군다나 마산지역에서 최신설비를 갖춘 가장 큰 규모였기에 사람들에게 큰 화제가 되었다.

이병철처럼

끊임없이 배우고 망설임 없이 행동하라

이병철은 무언가 새로운 것을 끊임없이 배우고자 노력했다. 쉬지 않고 익히고 배워야 자신의 능력을 갈고 닦을 수 있다고 생각했기 때문이다.

그는 계획을 세우면 망설임 없이 곧장 행동으로 옮겼다. 성공한 사람들이 하나같이 행동가였다는 것을 감안한다면 이병철 역시 젊은 시절부터 성공 씨앗을 가지고 있었다는 것을 알 수 있다.

이병철은 초등학교와 중학교, 와세다대학을 다녔지만 모두 졸업장을 받지 못했다. 비록 학력을 인정해주는 졸업장 하나 없었지만 이병철은 자신의 가능성을 의심하지 않았다. 오히려 자신이 좋아하는 일을 찾기 위해 끊임없이 고민했고, 그 결과 자신이 갈 길이 사업가라는 것을 깨달았다.

욕심이 지나치면 화를 부른다

"어떻게 된 일이지? 이윤은 커녕 빚만 지게 생겼네."

"그동안 쉴 새 없이 바빴는데 투자금도 못 건질 형편이야."

"이러다 깡통 차는 건 아닐까?"

이병철은 두 친구와 의기투합하여 협동정미소를 차렸지만 현실은 녹록치 않았다. 마산지역에서 가장 큰 규모와 최신 설비를 갖춘다면 성공할 것이라고 믿었다. 하지만 사업을 시작한 뒤 빚만 늘어났다.

이병철은 단순히 정미사업에만 매달리지 않았다. 도정 수수료만으로는 정미소를 꾸려나가기가 불가능했기 때문이다. 그래서 현미를 구입하여 정미해서 판매하는 쌀 도매상 역할이 일의 주된 업무였다. 때문에 쌀 시세에 의해 사업이 좌우되었던 것이다.

갈수록 빚만 늘어나는 상황에서 한 친구가 빠지겠다고 말했다.

"아무래도 불안해서 견딜 수가 없어. 미안하지만 나는 이쯤에서 빠지겠네."

이병철은 혼자 살겠다고 달아나려는 친구가 얄미웠다.

"함께 시작해 놓고 지금 상황이 어렵다고 해서 빠지겠다니, 정말 섭섭해. 사업을 하다보면 잘 될 때도 있고 안 될 때도 있는 거지. 우리 함께 이 위기를 잘 극복해보자."

옆에 있던 한 친구도 끼어들었다.

"맞아. 비록 지금 상황이 좋지 않지만 우리 함께 노력하면 분명 좋아질 거야. 그러니 그런 마음 약한 소리하지 마."

이렇게 해서 사업을 그만두겠다는 친구는 일 년 동안 더 정미소를 운영해보기로 했다.

이병철은 어떻게든 정미소 사업을 성공시켜야겠다고 다짐했다. 그러기 위해선 먼저 적자가 난 이유부터 찾아야했다. 원인을 알아야 해결책을 찾을 수 있기 때문이다.

'적자가 난 이유가 뭘까? 어디에서부터 잘못되었을까? 반드시 그 원인을 찾아야만해.'

이병철은 정미소 운영상의 문제가 있어 적자가 난 것은 아닐까, 하고 자문해보았다. 그래서 정미소와 주변 상권을 세밀하게 관찰하며 조사했다. 이와 더불어 마산지역에서의 정미소 사업과 관련된 돈의 흐름을 눈여겨보았다.

'맞아, 정미소 운영상에는 문제가 없어. 그렇다면 분명 거래 방식

에 문제가 있을 거야.'

이병철은 미곡취인소에서 매일 바뀌는 쌀값을 살폈다. 역시나 쌀을 매입하고 팔 때 큰 손실을 보고 있었다는 것을 알 수 있었다. 이병철을 비롯한 상인들은 쌀값이 오르면 더 오르기 전에 쌀을 사들였고 반대로 쌀값이 떨어지면 더 떨어질지도 모른다는 불안감에 팔았다. 그 결과 비싼 가격에 쌀을 구입해서 낮은 가격에 팔아치우게 되는 것이다.

이병철은 마침내 적자가 난 원인을 찾았다.

"그동안 우리는 쌀값이 가장 비쌀 때 사서 가장 쌀 때 헐값으로 팔았던 거야."

사실 매일 바뀌는 쌀값의 변동을 맞힌다는 것은 여간 힘든 일이 아니었다. 그래서 이병철은 자구책으로 상인들이 하는 방식을 따르지 않기로 했다. 자신만의 새로운 거래 방식을 생각해냈다.

이병철은 친구들에게 말했다.

"쌀값이 올랐다가 내려갈 기미가 보이면 팔아야 해. 반대로 쌀값이 떨어졌다가 올라갈 기미기 보이면 매입하면 돼. 이렇게 한다면 분명 이윤이 남을 거야."

두 친구는 이병철의 이야기를 들으면서 반신반의했다. 다른 상인들이 하는 거래 방식과 정반대였기 때문이다. 하지만 이윤을 남길 수 있다는 말에 두 친구는 이병철이 시키는 대로 하기로 했다.

"지금 쌀값이 떨어지려고 해. 어른 팔아야 해."

이병철의 말에 두 친구와 직원들은 불안한 표정이었다.

"정말 지금 팔아도 될까? 조금 더 기다려보는 것이 좋지 않을까?"

"아니야, 지금 때를 놓치면 또 다시 손해야."

쌀값이 떨어지기 시작하자 상인들은 불안한 나머지 우왕좌왕했지만 이병철은 동요하지 않은 채 쌀값이 떨어질 때 매입했고 오를 때는 내다팔았다. 그러자 파산위기에 몰렸던 협동정미소에 이윤이 생겨났다. 얼마 후 모든 적자를 메웠고 큰돈을 벌어들이기 시작했다. 사람들 사이에는 협동정미소가 마산지역의 돈을 긁어모으고 있다는 소문이 나돌았다.

이병철은 이 일을 통해 어떤 문제도 원인을 찾는다면 반드시 해결할 수 있다는 자신감을 가지게 되었다. 그리고 대중을 따라가는 것보다 흔들리지 않는 마음으로 나만의 방식을 취할 때 성공할 수 있다는 것도 알게 되었다.

협동정미소에는 50여 명의 직원들이 바쁘게 움직이고 있었다. 그런데 대부분 직원들이 이 일, 저 일, 질서가 없었다. 계량을 하고 있던 사람이 다음에는 포장을 하고 때로 동시에 계산까지 하고 있었다. 얼핏 보면 정미소가 분주해서 사업이 크게 번창하는 것처럼 보이지만 사실은 직원들의 업무가 구분되어 있지 않은 탓이었다.

'직원들에게 각자의 업무를 분담 해줘야겠어. 이대로 가다가는 생산성이 늘어나지 않을 거야.'

이병철은 직원들에게 업무의 진행과정에 맞추어 업무를 구분해주었다. 보관, 기계운전, 쌀겨 제거, 포장, 계산 등 각각의 업무에 맞게 직원들을 배치하자 우왕좌왕하지 않으면서 생산성은 증가했다.

정미소를 운영하면서 이병철은 도정한 쌀을 운반하는 화물차가 많이 부족하다는 것을 깨달았다. 특히 마산에는 쌀을 비롯해 많은 물자들이 집결해 있었다. 그런데 물량에 비해 화물차가 부족해 화물자동차를 빌리는 일은 하늘의 별따기처럼 너무나 힘들었다. 협동정미소 창고에도 쌀이 산더미처럼 쌓여있었다.

이때 이병철의 냉철한 사업적 감각이 빛을 발했다. 이병철은 일본인이 경영하고 있던 '마산일출자동차회사'를 팔기 위해 내놓았다는 정보를 입수하고는 이 회사를 매입했다. 이 회사에는 10여 대의 중고 화물차가 있었지만 수송 수요를 처리할 수 없다는 생각에 다시 신형 화물차 20대를 추가로 구입했다. 30여 대의 화물차가 회사 마당에 일렬로 세워져 있는 광경에 사람들은 입을 다물지 못했다.

협동정미소와 함께 운수회사를 경영하게 된 이병철은 마산지역에서 알아주는 젊은 부자가 되어 있었다. 두 사업은 큰 어려움 없이 순풍에 돛단배처럼 순조로웠다. 이병철은 대부분의 일을 친구에게 위임했고 자신은 거래처와의 교섭, 새로운 사업 구상 등 중요한 일에만 전념했다.

정미소와 운수사업이 궤도에 오르면서 금고에는 돈이 쌓여있었다. 이병철은 새로운 목표인 부동산 사업에 도전하고 싶어졌다. 당시 땅값은 비싼 쌀값에 비하면 터무니없을 정도로 낮았다.

이병철은 공동경영자로 참여한 친구에게 자신의 생각을 말했다. 친구는 처음에는 반대했지만 이병철의 강한 자신감에 동참하기로 했다.

이병철은 식산은행 마산지점장 히라다 씨를 찾아가 대출을 신청했다. 히라다 씨는 정미소와 운수사업을 성공시킨 이병철에게 신뢰를 갖고 있었다. 그래서 이병철은 어렵지 않게 대출을 받을 수 있었.

경남부동산을 설립한 이병철은 먼저 김해평야의 전답 중에서 경작이 가능한 땅을 닥치는 대로 사들였다. 이병철은 대구와 부산 지역에까지 땅을 매입했다. 일단 계약금만 지불하고 나서 계약한 땅을 담보로 은행에서 대출을 받아 나머지 땅값을 치렀다. 그 땅에서 나오는 수익으로 은행 대출금을 갚아나갈 생각이었다. 어림잡아 대출금을 갚는데 5년도 채 안 걸릴 것 같았다.

"이병철이라는 젊은 사람이 땅을 200만 평이나 샀대."

"정말 난 사람이야. 어떻게 그 많은 돈을 벌었을까?"

마산 뿐 아니라 다른 지방에서도 '땅 부자' 이병철에 대한 소문이 파다했다.

하루하루 정미소와 운수회사는 번창하고 있었다. 두 곳에서 발생하는 수익역시 보통 사람들은 평생 가도 만져볼 수 없는 큰돈이었다. 모든 일들을 술술 풀려갔기에 이병철의 자신감은 하늘을 찔렀다.

1937년 가을, 중일전쟁이 발발해 세상이 어수선해지고 있었다.

하지만 사업이 탄탄대로를 달리고 있었기에 이병철은 자신과는 아무런 상관이 없다고 안심했다.

그러던 어느 날, 식산은행 마산지점으로부터 그동안 대출해간 돈을 모두 갚으라는 통보를 받았다. 그야말로 마른하늘에 날벼락이었다. 갑작스런 통고에 이병철은 눈앞이 캄캄했다.

'갑자기 대출금을 갚으라니 어떻게 이럴 수가 있어?'

하루가 멀다 하고 식산은행 마산지점에서 돈을 갚으라고 독촉하기 시작했다. 이병철은 히라다 지점을 찾아가 사정을 설명했지만 히라다 지점장은 중일전쟁으로 어쩔 수 없다는 말만 할 뿐이었다.

엎친 데 덮친 격으로 은행 대출금 상환 통지와 함께 땅값이 폭락하기 시작했다.

'아, 이럴 수가! 어떻게 이런 일이…'

이병철은 아무리 생각해도 답을 찾을 수 없었다. 하는 수 없이 매입한 땅을 되팔기로 했다. 그것도 땅값이 더 떨어지기 전에 헐값에 팔아야했다. 땅을 헐값에 팔았지만 그 돈으로 은행에서 대출한 돈을 갚기에는 역부족이었다. 이병철은 동업자 친구와 의논해 눈물을 머금고 정미소와 운수회사마저 처분하기로 결정했다.

이병철은 동업자 친구에게 미안한 마음뿐이었다.

"정말 미안해. 내가 너무 과한 욕심을 부려서 이런 상황에 처했어. 입이 열 개라도 자네에게 할 말이 없어."

정미소와 운수회사까지 처분해서 가까스로 대출금을 갚을 수 있었다. 상황을 수습하고 나자 가슴속에는 참을 수 없는 허망함으로 가득 찼다. 이병철은 지나친 욕심으로 무너져 내린 자신이 미치도록 원망스러웠다.

이병철처럼

항상 초심을 기억하라

'욕심이 지나치면 화를 부른다.' 이병철은 부동산사업의 실패를 통해 한 가지 교훈을 깨달았다. 그리고 그동안 자신의 모습을 되돌아보며 교만했던 지난날들을 뉘우쳤다.

성공하는 인생을 사는 사람들 역시 이병철과 마찬가지로 거듭 실패를 경험했다. 그들 역시 성공을 맛본 뒤 교만해졌는가 하면 과한 욕심을 부렸다. 그러다 결국 벼랑 끝으로 내몰리게 된다. 혹독한 실패는 그들에게 인생을 경영하는 지혜와 진정한 성공에 대해 깨닫게 했다.

여러분, 일이 술술 잘 풀릴 때 자신감이 지나치지 않도록 해야 한다. 항상 초심을 잃지 않고 늘 한결 같은 마음으로 임해야 한다. 교만한 마음과 지나친 욕심으로 공든 탑이 무너진다는 것을 잊지 말아야 한다.

삼성상회, 첫 걸음마를 시작하다

 이병철은 한동안 절망감에서 헤어 나오지 못했다. 큰돈을 만지는 젊은 부자였던 자신이 한순간에 모든 것을 잃고 나니 삶에 대한 의욕을 잃어버렸다. 하지만 시간이 지나면서 안개가 걷히듯이 조금씩 절망감이 걷히기 시작했다.
 '지금 넘어졌다고 해서 내 인생이 끝장난 것은 아니야.'
 이병철은 비록 지나친 욕심 탓에 사업의 실패를 맛보았다고 해서 인생이 끝난 것은 아니라고 생각을 하였다. 처음 사업을 시작할 때 아버지가 주신 땅을 처분한 자금도 그대로 있었다.
 '그래, 다시 시작해보는 거야. 사업하다보면 누구나 실패할 수 있어. 앞으론 좀 더 신중하고 치밀해져야겠어.'
 이병철은 지난 실패를 교훈으로 삼아 다시 시작하기로 결심했다.
 이병철은 새로운 사업을 구상하기 위해 여행을 떠났다. 부산에서 시작해 서울, 평양, 신의주, 원산, 흥남으로 올라간 다음 장춘, 심양, 북경 등 중국의 여러 도시를 둘러보았다. 모든 물량들이 집결되고 흩어지는 도시와 항구를 돌아보는 여행이었다.

중일전쟁으로 일본의 상품이 중국의 여러 도시에 넘치고 있었다. 그곳은 마치 먹잇감을 향해 몰려드는 이리떼들처럼 수많은 투기꾼과 사업가들이 모여들고 있었다.

이병철은 원산이나 신의주와 같은 항구도시에서 사업을 시작해볼까, 하는 생각도 해보았다. 하지만 자신이 가지고 있는 사업자금으로는 턱없이 부족했다. 마산에서 사업할 때는 7, 8만 원도 고액 어음에 속했는데 그곳에서는 300만 원 이상 되는 어음도 흔했다. 그래서 이병철은 마음을 접을 수밖에 없었다. 그리고 적당한 사업을 찾을 때까지 여행을 계속했다.

이병철은 신경, 봉천, 산해관, 북경을 거쳐 상해로 여행을 거듭하면서 그동안 알고 있던 중국과는 크게 다르다는 것을 알 수 있었다. 여러 도시를 돌아본 바 대부분 사업은 일본인이 장악하고 있었고, 그 가운데 공업용 원료, 식품, 의료, 농산물 등이 가장 활발하게 거래되고 있었다.

두 달에 걸친 여행에서 이병철은 중국이 사과와 건어물이 부족하다는 사실을 알았다.

'중국은 땅이 넓고 사람들이 많은 만큼 시장의 크기도 조선에 비할 데가 안 된다. 대구의 품질 좋은 사과와 동해의 건어물을 가져다

팔면 많은 이윤을 남길 수 있을 거야.'

이병철은 고민 끝에 일단 사과와 건어물을 만주에 수출하기로 했다.

여행에서 돌아온 이병철은 1938년 3월 1일 대구에서 '삼성상회'를 차렸다. 자본금 3만원, 그의 나이 스물여덟 살이었다. 대구 수동에 약 200평짜리 점포에서 출발한 삼성상회는 훗날 현재 삼성그룹의 모태가 되었다.

삼성상회의 '삼'은 조선인들이 가장 좋아하는 숫자에서 착안했고, '성'은 밝고 높고 영원하다는 뜻을 담고 있다. 따라서 삼성이라는 상호에는 '크고 강하고 높고 밝고 영원히 빛나라'는 의미가 담겨있다.

이병철은 대구지역에서 재배되는 사과와 다양한 청과물, 그리고 포항에서 사들인 건어물류를 만주와 중국으로 수출하기 시작했다. 그리고 사업이 궤도에 오르자 이병철 점포의 한 모퉁이에다 국수기계를 들여놓고 국수를 만들어 판매하기 시작했다.

이병철은 밤낮없이 아내와 함께 국수기계를 돌렸다. 제대로 쉬지 못한 채 일했지만 힘든 줄 몰랐다. 그리고 국수를 팔아 번 돈은 다시 국수공장의 설비를 늘리거나 빌린 돈을 갚는데 썼다.

열심히 일한 덕분에 이병철은 제법 큰돈을 모을 수 있었다. 삼성상회의 문을 연지 한 달쯤 지났을 때 이병철은 도쿄 와세다대학에 다니던 시절 친하게 지냈던 친구 이순근을 지배인으로 영입했다. 당시 이순근은 유학시절 학생운동에 참가했다는 이유로 와세다대학을 졸업한 후에도 취직을 하지 못해 백수신세로 지내고 있었다. 이병철은 이순근에게 모든 경영 업무를 위임했다. 은행융자, 대량주문 등과 같은 중요한 업무는 자신이 맡고, 어음발행이나 날인 등의 일들은 그에게 위임했다.

이병철은 마산에서 정미소를 운영할 때부터 자신만의 경영원칙이 있었다. 사람을 채용했으면 의심하지 않고 모든 것을 그에게 맡기는 것이다.

'의심스런 사람은 채용하지 말라. 이미 채용했다면 의심하지 말라. 일단 그 사람을 받아들였다면 모든 것을 맡겨라.'

이런 그의 경영원칙은 죽을 때까지 변하지 않았다. 훗날 이병철은 삼성상회가 단기간에 크게 성장할 수 있었던 힘은 이순근을 믿고 맡겼기 때문이라고 술회했다.

삼성상회의 성공으로 이병철은 어느 정도 돈을 모을 수 있었다. 나날이 사업이 번창하고 자금에 여유가 생기자 새로운 사업에 눈을 돌리게 되었다. 그렇다고 해서 마산에서처럼 무턱대고 사업에 뛰어들지는 않았다. 과거의 경험을 통해 신중하고 치밀해져야한다는 것을 잘 알고 있었기 때문이다.

이병철이 신규 사업을 찾고 있을 무렵에 '조선양조'라는 회사가 매물로 나왔다는 소문을 들었다. 조선양조는 연간 7천 섬 규모로 대구에서 두 번째로 큰 양조장이었다. 이병철은 망설임 없이 12만 원이라는 거액을 투자해 '조선양조'라는 회사를 인수했다. 양조업을 선택한 가장 큰 이유는 거의 모든 상권을 일본인이 독점하고 있는 상황에 조선인에게 가장 안전한 사업이었기 때문이다.

사람들 사이에는 이병철이라는 이름이 오르내렸다.

"이병철이라는 젊은 사람이 조선양조의 주인이 되었대."

"이병철? 이름은 들어봤는데…"

"기억 안 나? 젊은 땅 부자."

"아, 맞아. 근데 지난번에 쫄딱 망하지 않았어? 그러고 보면 정말 능력 있는 사람이네."

대구 뿐 아니라 영남지역에서 이병철이라는 이름을 모르는 사람이 없을 정도였다.

이병철은 삼성상회와 양조장 관리를 친구 이순근에게 맡겼다. 이순근은 그의 기대에 부응해 빈 틈 없이 잘 경영해주었다.

그 무렵 중국 본토를 점령하기 위해 일으킨 일본의 중일전쟁으로 세상에 어수선했다. 전쟁의 양상은 일본에게 불리하게 전개되었다. 그러자 1941년 일본은 미국의 진주만을 습격해 태평양전쟁을 일으켰다. 하지만 일본은 태평양전쟁에서 잠시 승리하는 양상을 보이더니 연합군의 도쿄 공습으로 상황이 역전되었다. 그리고 1945년 8월 미국이 일본 나가사키와 히로시마에 원자폭탄을 투하함으로써 두 지역은 초토화되고 말았다.

그 해 8월 15일 정오에 일본 천황이 라디오를 통해 연합군에게 무조건 항복하겠다고 선언했다. 그날 사람들은 꼭꼭 감추어두었던 태극기를 들고 나와 "대한독립 만세!"를 외치며 거리를 활보했다. 일제 식민지 탄압으로부터 해방이 된 것이다.

해방 이후 이병철의 경영철학은 크게 달라졌다. 나라가 강해야 다른 나라로부터 탄압을 받지 않고 국민이 안심하고 생업에 전념할 수 있다는 것을 깨달았기 때문이다.

'나라가 있어야 국민과 기업도 존재할 수 있다. 앞으로 나는 국가재건을 위해 최선을 다할 것이다.'

현재 삼성그룹이 내걸고 있는 경영이념을 살펴보면, 첫 번째가 사업보국, 두 번째가 인재제일, 세 번째가 합리추구이다. 경영이념 가운데 첫 번째인 사업보국을 통해 그의 국가관을 엿볼 수 있다.

더 큰 꿈을 향해 나아가다

어느 날 이병철에게 이승만 박사가 대구를 방문한다는 소식이 전해졌다. 이승만 박사는 미국에서 귀국한지 얼마 되지 않았지만 국민들의 존경을 한 몸에 받고 있었다. 대구의 유지 30여 명에 의해 환영준비위원회가 구성되었는데 이병철도 끼어 있었다.

환영식에서 이승만 박사는 30여 명의 유지들과 일일이 악수를 교환했다. 이때 이승만 박사는 이병철의 명함을 받아들고는 옛 친구를 만난듯 환한 표정을 지었다.

"자네가 이찬우의 아들이군 그래. 그래, 아버지는 안녕하신가?"

이승만 박사는 과거 독립협회 일원으로 이병철의 아버지 이찬우와 친하게 지냈던 사이였다. 그는 이병철이 하는 삼성상회와 양조업에 대해 대화를 나누었다. 그리고 마지막에 이렇게 당부했다.

"자네처럼 나라를 생각하는 젊은 기업가가 절실해. 지금 이 나라는 혼돈의 소용돌이 중심 속에서 길을 잃었다네. 앞으로 자네가 이 나라를 위해 훌륭한 일을 많이 해주길 기대하겠네."

이병철은 이승만 박사의 말을 가슴에 담았다. 그리고 그 말을 되새겨보면서 앞으로 자신의 갈 길에 대해 숙고했다.

'그래, 이승만 박사님의 말이 옳아. 지금 이 나라에는 나라를 위해 일하는 젊은 기업가가 필요해. 지금 모두들 가난에서 허덕이고 있어. 이런 가난에서 벗어나려면 먼저 경제가 발전해야 돼. 이제부터 돈을 벌기 위해 기업을 하는 것이 아닌 나라를 위해 기업을 해야겠어.'

이병철은 자신이 진정으로 나라를 위하는 길이 무엇인가를 깨달았다. 큰 기업을 일으켜 경제를 성장시키고 나라와 국민에게 보탬이 되는 것이라고 생각했다.

그는 대구에서 작은 사업을 하며 시간을 허비하는 것보다 서울에서 보다 큰 사업을 시작해보기로 마음먹었다.

이병철은 가족과 회사 간부들, 그리고 친구들에게 자신의 뜻을 알렸다.

"여러분, 드디어 때가 왔습니다. 저는 이제 서울에서 보다 큰 사업을 일으켜 국가와 국민들에게 도움이 되는 일을 하고자 합니다. 물론 제가 하려는 이 일이 반드시 성공한다고 보장하지는 못합니다. 그렇더라도 저는 위험을 무릅쓰고 도전할 생각입니다.

양조장 경영은 여러분에게 위임하겠습니다. 저를 대신해서 잘 경영해주십시오."

직원들은 하나같이 극구 반대했다. 그들은 양조장 사업이 성공적으로 진행되고 있는 이 시점에서 다시 무모하게 새로운 일을 시작하려는 이병철이 전혀 이해가 되지 않았다.

그러나 이병철은 사람들의 반대를 무릅쓰고 1947년 5월 대구에서의 사업을 정리했다. 그리고 가족을 이끌고 새로운 사업이 기다리는 서울로 향했다.

서울로 올라간 이병철은 곧장 새로운 사업에 나서지 않았다. 먼저 서울 종로구 혜화동의 고급 주택지에 위치한 고급 한옥을 구입했다. 고급 한옥은 어쩌면 당시 그에게 어울리지 않는 사치일 수도 있었다. 하지만 이병철은 그렇게 생각하지 않았다.

'사람은 사는 장소에 따라 마음자세가 달라진다. 크고 멋진 집에 살면서 큰마음으로 시작하자.'

서울에서 새로운 사업을 시작하기 전에 생활환경부터 바꾸고 싶었다. 주거지에 따라 사람의 사고방식 또한 크게 달라진다고 여겼기 때문이다.

1948년 11월, 이병철은 서른여덟의 나이에 서울 시내 중심부인 종로2가에 위치한 2층 빌딩을 빌려 '삼성물산공사'를 출범시켰다. 대구에서 삼성상회를 시작한 지 10년 째 되던 해였다.

사원 서른 명 남짓으로 시작한 삼성물산공사는 철판, 바늘, 재봉

틀, 면사, 설탕 등 생활에 필요한 수백 가지 제품을 수입해서 국내시장에 보급하는 역할을 했다. 삼성물산공사는 문을 연지 2년 만에 국내 무역업체 가운데 열손가락 안에 들만큼 빠른 속도로 성장했다.

이병철은 사원들보다 일찍 출근해 업무를 시작했다. 그는 사원들의 회사 급료를 각자가 충분한 생활을 할 수 있도록 상당히 높은 수준으로 지급했다. 그러자 회사 분위기는 가족처럼 화기애애했고 사원들은 회사를 위해 더욱 분발하기 위해 노력했다.

이듬해 이병철은 재계의 주요 인물 열한 명과 함께 일본 시찰 여행길에 올랐다. 히로시마에 원자폭탄이 투하된 후 연합군에 항복을 선언한 일본의 한일 간 무역확대를 희망하는 일본 재계 수뇌부들의 제안해 의해 이루어진 것이었다.

당시 한국 사람들은 일본에 대한 감정이 매우 악화되어 있었다. 이런 상황에서 일본의 산업시설들을 시찰한다는 것은 대단히 고무적인 일이었다.

'과거 일본이 우리에게 한 짓을 생각하면 너무나 밉다. 하지만 아무리 미워도 머지않아 일본과 무역을 하게 될 미래를 위해 지금부터 차근차근 준비해야해.'

이병철은 일본의 곳곳을 시찰하면서 전쟁으로 폐해가 된 일본의 처참한 모습에 충격을 받았다. 곳곳에는 지나다니는 사람들에게 다가가 돈과 먹을 것을 구걸하는 거지들이 널려 있었다. 그는 이런 참혹한 광경을 보면서 나라가 망하면 사업은 물론 국민 역시 하루아침에 물거품이 된다는 것을 절실히 깨달았다.

'모든 것은 국가가 기본이다. 국가가 발전하고 강해져야 무역이든 제조업이든 어떤 사업을 하더라도 성장할 수 있다. 나는 앞으로 국가를 튼튼하고 강하게 하는데 공헌하는 사업가가 될 것이다.'

하루는 이병철이 일행들과 함께 도쿄 시내를 돌아보게 되었다. 가로등조차 제대로 켜져 있지 않은 긴자의 뒷골목에 있는 허름한 이발소를 들어가 보았다. 이발소는 겉보기에도 매우 초라했고 내부시설 역시 판잣집과 다름없었다.

예순 살이 넘어 보이는 주인은 머리 자르는 솜씨가 매우 뛰어났다. 이병철이 노인에게 물었다.

"어르신, 언제부터 이곳에서 이발소를 운영하셨습니까?"

"제가 2대째인데 그럭저럭 40년 정도 되었습니다."

노인이 옆에서 부지런히 가위를 놀리고 있는 젊은이를 가리키며 말했다.

"제 아들입니다. 제 뒤를 이어 20년 째 가위질을 하고 있지만 실력은 아직 멀었지요. 제대로 된 이발사가 되려면 앞으로 많은 시간을 훈련해야 합니다. 가위질이 보기에는 쉬워보여도 제대로 잘하려면 피나는 노력이 따르지요."

이병철은 노인의 말에서 일본인들의 철저한 직업의식을 느낄 수 있었다.

'지금 일본은 폐하가 되다시피 했지만 저 노인처럼 철저한 직업의

식을 가진 사람들이 많아. 분명 머지않아 보란 듯이 재기할 거야. 지금부터 우리가 철저하게 준비하지 않으면 또 다시 일본에게 뒤처지게 된다.'

이병철은 노인의 말을 가슴 깊이 새겼다. 그리고 앞으로 어떤 일이 있더라도 저 노인처럼 장인정신으로 그 분야에서 최고가 되겠다고 다짐했다.

이병철은 그 후로도 일본을 방문할 때면 종종 자신에게 장인정신의 교훈을 일깨워준 긴자 뒷골목의 이발소를 찾았다.

이병철처럼

우물 안 개구리가 아닌 하늘의 제왕이 되어라

미국의 첫 흑인대통령 버락 오바마는 푸나호우 학교에서 백인친구들과 싸움을 일삼는가 하면 공부를 등한시 했다. 그 결과 성적이 좋지 않았고 LA에 위치한 조그마한 옥시덴탈 대학에 들어가게 되었다. 대학생활 역시 엉망이었다.

그러다 어느 날 오바마는 뉴욕에 있는 컬럼비아 대학에서 편입생을 모집한다는 소식을 듣게 되었다. 고민 끝에 그는 2년 간 다니던 옥시덴탈 대학을 떠나기로 결정했다. 그는 컬럼비아 대학으로 편입해 뉴욕에서 새로운 삶을 시작했다. 그리고 그는 컬럼비아 대학을 졸업한 후 하버드 로스쿨에서 변호사 자격증을 취득했다. 그 후 그는 정치인으로서 새로운 인생을 살게 되었다. 만일 오바마가 과거 더 큰 꿈을 향해 도전하지 않았다면 지금의 그는 없을 것이다.

이병철 역시 대구에서 삼성상회의 작은 성공에 안주했다면 지금의 삼성그룹은 존재하지 않을 것이다. 그가 삼성상회의 작은 성공에서 벗어나 서울에서 새로운 각오로 삼성물산공사를 차렸기에 오늘날의 그가 있을 수 있는 것이다. 대부분의 사람들은 작은 성공에 취해 더 큰 곳을 향해 나아가는 것을 주저한다. 결국 자신의 능력보다 작은 성공을 쟁취하게 되는 것이다.

여러분, 사람은 누구나 자신이 생각하는 것보다 더 뛰어난 능력을 가지고 있다. 항상 지금보다 더 큰 목표와 꿈을 향해 도전해야한다. 그러할 때 우물 안 개구리가 아닌 하늘의 제왕이 될 수 있다.

재물보다 사람을 남겨라

삼성물산공사는 출범한 지 2년도 채 지나지 않아 대기업 상사 중에서 7위에 올랐다. 사업이 궤도에 오르자 이병철은 강한 자신감으로 가득 찼다.

"사업이 순조롭게 성장할 때 정신을 바짝 차려야해. 지난 마산에서와 같은 실패는 하지 않을 거야."

이병철은 사업이 번창함에 따라 거래처 사람들을 마중하기 위해 승용차가 필요하다는 것을 알았다. 그때 마침 주한 미국 공사의 승용차인 시보레를 판다는 정보를 듣게 되었다. 그는 곧장 자동차를 구입하기 위해 교섭을 벌였고 며칠 후 시보레를 인수할 수 있었다.

그리고 이틀 후인 1950년 6월 25일 새벽, 북한군이 38선을 넘어 남침을 해왔다. 이병철은 라디오를 통해 북한군이 도발해왔지만 국군이 격퇴하고 있다는 소식을 들었다.

"이거 큰일이군."

그러나 국군이 북한군을 격퇴하고 있다는 라디오 소식에 다소 불안을 잠재울 수 있었다.

그런데 다음 날 가까운 곳에서 대포 소리가 끊이지 않고 들려왔다. 그리고 며칠 후 저녁 뉴스에서 정부는 수도를 수원으로 옮긴다는 성명을 발표했다.

'수도를 수원으로 옮긴다는 뜻은 국군이 밀린다는 말이잖아.'

이미 피난민 행렬이 거리를 가득 메우고 있었다. 북쪽에서 가족을 이끌고 피난 온 사람들이 더해지자 서울 곳곳은 인산인해를 이루었다.

'일단 서울을 떠나야겠어.'

시시각각 전황이 다급하다는 것을 안 이병철은 사원들과 가족을 데리고 서울을 떠나야겠다고 생각했다. 하지만 피난을 가려고 하자 곳곳에 북한의 인공기를 단 탱크와 전차들이 줄을 이루어 활보하고 있었다. 이미 서울은 북한군이 점령하고 있었던 것이다.

이병철은 이러다가는 사원과 가족 모두 죽음으로 내몰 수 있겠다는 두려운 생각이 들었다. 다급해진 이병철은 사원과 가족을 회사 지하실로 피신했다.

지하실로 피신한 뒤에도 불안감은 좀처럼 사라지지 않았다. 이병철은 잠들어 있는 어린 자식들의 얼굴을 보면서 무능한 자신이 원망스러웠다. 하지만 북한군이 서울을 점령하고 있는 상황에서 자신이 할 수 있는 일은 아무것도 없었다.

연일 곳곳에서 대포소리와 총소리가 들려왔다. 그럴 때마다 아이들은 칭얼대며 울음을 터뜨렸다. 어른들 역시 두렵기만 마찬가지였다. 하지만 입술을 깨물며 꾹꾹 눌러 참았다.

이병철은 고민 끝에 지하실에서 발각되어 비참하게 죽는 것보다 집에서 죽는 것이 더 낫겠다고 판단했다. 그래서 두려움에 떠는 아내와 아이들을 이끌고 집으로 향했다.

"이병철의 전 재산을 몰수하라!"

다음 날부터 이병철의 집에서 인민위원회가 열렸다. 경찰을 비롯한 다양한 기관의 사람들이 드나들면서 이병철의 재산에 관한 심문이 이어졌다. 그리고 그는 그동안 힘들게 이룬 재산 뿐 아니라 사업까지 송두리째 빼앗기고 말았다.

'그동안 내가 어떻게 해서 이루어놓은 사업인데… 어떻게 이럴 수가 있어?'

이병칠의 가슴속에선 피눈물이 흘러내렸다. 하지만 이병철은 비록 재산은 모조리 빼앗겼지만 가족에게 아무런 불상사가 일어나지 않았다는 것에 마음속으로 안도했다.

공산당의 수탈은 9·28 서울 수복이 이루어질 때까지 3개월 동안 계속되었다. 그 기간 동안 공산당 아래에서의 생활은 위험과 고통으로 점철되어 있었다.

이느 날, 이병철은 혜화동 로터리를 지나가던 중에 눈에 익은 고급 승용차를 보게 되었다. 그 승용차는 자신이 구입한 시보레였다. 승용차 뒷좌석에는 남로당 당수인 박헌영이 앉아 있었다. 그는 비통한 심정으로 눈앞에서 멀어지는 자신의 승용차를 바라보았다.

그 해 9월 28일, 맥아더 장군의 인천상륙작전이 성공함으로써 연합군은 서울을 수복하게 되었다. 비로소 공산당 치하에 숨죽이고 있던 시민들이 뛰쳐나와 자유를 누릴 수 있었다. 하지만 이런 자유도 잠시, 중공군이 전쟁에 개입해 서울은 다시 공산당의 수중에 들어갈 처지에 놓였다.

이병철은 지난 3개월 동안 공산당 치하에서의 끔찍했던 기억이 되살아났다. 그래서 다시 서울이 공산당에게 점령당하기 전에 서울을 떠나기로 했다.

그는 직원들을 시켜 할 수 있는 한 트럭을 최대한 마련하라고 말했다. 삼성물산공사 사원들과 함께 피난을 가려면 많은 트럭이 필요했기 때문이다.

"서울은 언제 다시 공산당의 수중에 들어갈지 모릅니다. 우리 함께 대구로 돌아갑시다."

이병철은 가족을 비롯한 사원들을 이끌고 대구로 향했다.

이병철이 가족, 사원들과 함께 대구에 도착했을 때 그들을 따뜻하게 맞아준 사람들이 있었다. 삼성상회와 양조장 식구들이었다.

"사장님, 정말 잘 오셨습니다. 그동안 고생이 얼마나 심하셨습니까?"

그들은 이병철이 새로운 사업을 위해 서울로 올라갈 때 삼성상회와 양조장을 맡긴 사람들이었다.

이병철은 오랜만에 옛날 식구들을 보자 감회가 새로웠다. 하지만 이도 잠시 이내 서글픈 마음이 들었다. 그는 이제 무일푼이었기 때문이다. 그때 한 직원이 옆에 놓인 박스를 가리키며 말했다.

"사장님, 이 돈으로 다시 시작해보십시오."

"이게 다 뭔가?"

"돈입니다. 그동안 사장님이 서울에 계신 동안 저희가 모은 3억 원입니다. 부산에서 다시 사업을 시작하십시오. 그러기 위해선 자금이 필요하지 않겠습니까?"

그들은 전쟁 상황에서도 삼성상회와 양조장을 문 닫지 않고 사업을 계속 해왔던 것이다.

이병철은 그들이 내미는 돈을 보며 코끝이 시리고 눈물이 핑 돌았다. 비록 자신은 빈털터리가 되어 돌아왔지만 자신을 믿어주는 사람들이 있다는 생각에 가슴 깊은 곳에서 무언가 울컥하고 올라왔다. 바로 다시 시작할 수 있는 강한 용기였다.

"아니, 이렇게 고마울 데가… 이 은혜를 내가 어떻게 갚아야할지… 내 반드시 이 돈으로 다시 사업을 일으키겠네."

이병철의 두 눈에서는 감격의 눈물이 쉬지 않고 흘러내렸다.

이병철은 그동안 힘들게 일구어놓은 재산을 전부 잃었지만 단 하나 세상에서 가장 소중한 재산인 '사람'만큼은 잃지 않았다. 그는 훗날 당시를 회상하며 "나는 정말 인복이 많은 사람이다."라고 말한 바 있다. 하지만 이병철에게 사람들이 따랐던 것은 지위고하를 막론하고 따뜻하게 대해주었기 때문이다.

　이병철은 직원들이 땀과 노력으로 모은 3억 원으로 부산에서 '삼성물산주식회사'를 설립했다. 그는 마음속으로 다음과 같이 다짐했다.

　'기쁨도 고통도 직원들과 함께 나눌 것이다. 모두 하나가 되어 이윤을 내는 삼성을 일으켜 국가 발전에 반드시 이바지할 것이다.'

시작한 일은 끝장을 본다

전쟁 중이었던 탓에 식량과 의료품을 비롯한 모든 생활필수품들이 부족했다. 이병철은 무역업에 뛰어들었다. 일 년 후 3억 원으로 시작한 삼성물산주식회사는 자산이 20배나 증가하여 60억 원이 되어 있었다.

시간이 지날수록 회사는 번창했다. 그리하여 이병철은 다시 예전의 경제적인 풍요로움을 누릴 수 있게 되었다. 그런데 그는 왠지 모르게 가슴 한 구석이 텅 빈 것 같은 느낌이 들었다. 그러면서 다음과 같은 물음이 꼬리를 물고 이어졌다.

'지금 내가 잘 살아가고 있는 것일까?'

'그동안 나는 나라의 발전에 이바지하기 위해 사업을 한다고 생각했다. 그런데 지금의 내 모습은 돈밖에 모르는 사업가나 다름이 없지 않은가?'

'정말 이렇게 살아도 되는 것일까?'

이병철은 며칠 동안 이 질문에 대한 답을 찾기 위해 고심했다. 그 결과 평범한 사업가가 아닌 나라를 위해 의미 있는 일을 하는 기업가로 살고 싶다는 답을 찾았다. 그리고 고민 끝에 생산 공장을 세우기로 결심했다.

그는 회사 임원들에게 생산 공장을 세우겠다고 선언했다. 그러자 임원들은 너나할 것 없이 강하게 반대했다. 전쟁이 언제 끝날지 모르는 판국에 거금을 들여 생산 공장을 세우는 것은 너무나 위험한 모험이라는 것이었다.

그러나 이병철은 자신의 뜻을 굽히지 않았다.

"물론 저 역시 생산 공장을 짓는 일이 얼마나 무모한 일인지 알고 있습니다. 하지만 위험하다고 해서 나라의 발전과 국민들을 위하는 일을 포기할 순 없습니다. 저를 믿고 따라주셨으면 좋겠습니다."

그래도 극구 반대하는 임원들이 있어 이병철은 그들과 대화를 나누었다. 강하게 밀고 나가는 것보다 대화를 통해 그들을 설득하는 편이 훨씬 빠른 길이라고 생각했기 때문이다.

한 임원이 그에게 물었다.

"그렇다면 어떤 생산 공장을 지으실 생각이십니까?"

"거기까지는 아직 생각해보지 않았습니다. 앞으로 면밀히 연구해서 결정할 생각입니다."

다음 날부터 이병철은 모든 사원을 총 동원해서 앞으로 어떤 생산

공장을 지어야할 것인가에 대해 자료 수집에 나섰다. 그 결과 수입 대체 산업에 투자하기로 생각이 기울었다. 우선 제지와 제약(페니실린), 제당의 세 가지 업종을 염두에 두고 국내의 시장조사와 동시에 미국과 일본에 제당공장에 대한 견적서도 요청했다.

당시는 대부분 필수품들을 수입에 의존하고 있었다. 따라서 이병철은 국내에서 생산할 수 있는 시스템을 갖추지 않으면 언제까지나 한국경제는 다른 나라에 의존할 수밖에 없다는 것을 꿰뚫고 있었던 것이다.

모든 자료를 취합해 조사해본 결과 설탕의 수요가 날로 증가하고 있는 반면에, 국내 생산은 전무하다는 것을 알 수 있었다. 특히 설탕을 수입하느라 연간 2백만 달러에 가까운 귀중한 외화가 쓰이고 있었다.

고심 끝에 이병철은 결정을 내렸다.

"설탕을 생산하는 제당공장을 짓겠습니다."

그는 자신의 선택을 믿었다. 때로 어려운 결정을 해야 하는 경우 조사 자료 못지않게 자신의 직관력을 믿었기 때문이다. 그 후로 이병철은 수많은 옳고 그른 것을 판단할 때면 직관력에 의해 결단을 내리곤 했다.

이병철은 가장 먼저 도착한 일본의 다나카 기계의 견적서를 꼼꼼히 확인했다. 그는 다른 기업의 제당공장에 관한 견적서가 도착하기도 선에 즉시 제딩공징 설립에 착수했다.

이병철이 제당공장을 짓는다는 소식에 사람들은 비아냥거렸다.

"선진국도 아닌 우리나라에서 어떻게 설탕을 만든다는 거야?"

"설탕은 아무나 만드는 줄 아나보네."

하지만 이병철은 사람들의 수군거림에 동요하지 않았다. 누구보다 자신을 믿었고 반드시 해낼 수 있다고 생각했기 때문이다.

공장 부지는 부산의 전포동에다 약 1천 평으로 정하고 1953년 8월 1일 '제일제당 주식회사'를 출범시켰다. 이병철은 기계를 들여오기 위해 직접 몇몇 직원들을 이끌고 일본으로 건너갔다.

한국에서 제당공장을 짓는다는 소식에 일본 재계의 반응은 싸늘했다. 그래서 기계들을 들여오는 일은 만만치 않았다.

"기계의 설치는 우리 기술자가 직접 맡아야 합니다. 만일 실력이 부족한 한국 기술자들이 기계를 설치했다가 정상적으로 가동되지 않을 시 그 책임은 우리가 지지 않습니다."

이 말에 순간 이병철은 자존심이 상했다. 일본인이 한국인의 가능성을 과소평가한다는 생각이 들었기 때문이다.

그러나 이병철은 화를 억누르고 말했다.

"알겠습니다. 하지만 설탕기계는 반드시 우리의 힘으로 설치해서 가동할 것입니다."

이병철은 직원들과 함께 설탕기계의 설치와 운영 방식에 대해 밤낮없이 공부했다. 온갖 어려움 끝에 마침내 제당공장의 준공을 마칠 수 있었다.

그 해 10월 28일, 설탕기계 시운전에 들어갔다. 이병철을 비롯한 임직원들의 얼굴에는 기대와 긴장감이 교차되었다. 조심스레 이병철이 스위치를 누르자 거대한 굉음을 내며 제당기가 힘차게 돌아가기 시작했다.

그런데 잠시 후 기대했던 흰 설탕은 나오지 않고 검은 물만 쏟아졌다.

"아니, 검은 물만 나오잖아."

"어떻게 된 거지? 이럴 리가 없는데."

직원들이 부리나케 제당기를 점검했다. 아무리 살펴보아도 제당기는 제대로 설치되어 있었다.

이병철은 망연자실했다. 하지만 직원들에게 나약한 모습을 보일 수 없었다.

"다들 처음부터 잘되는 일은 없습니다. 다시 한 번 차근차근 점검해봅시다."

직원들이 원인을 찾을 수 없자 일본의 다나케 기계에 전화를 걸어 사정을 설명했다. 하지만 역시 결함을 찾을 수 없었다.

이병철은 초조해졌다.

'분명 설탕이 나오지 않는 원인이 있을 거야. 원인을 찾아야해.'

원인을 찾지 못한 채 일주일가량 흘렀다. 여전히 직원들의 원인을 찾기 위해 기계를 점검하고 있었지만 속수무책이었다.

그때 근처 철공소의 용접공이 제당기를 쳐다보다가 불쑥 한 마디를 던졌다.

"원료를 왜 그렇게 많이 넣습니까?"

그 순간 이병철은 망치로 머리를 내려맞은 듯한 충격에 휩싸였다.

"맞아, 원료를 너무 많이 넣었기 때문이야."

이병철은 원료를 담당하는 직원에게 원료의 양을 줄여보라고 말했다. 그러자 얼마 후 거짓말처럼 제당기에서 흰 설탕이 모래처럼 쏟아져 내렸다.

"우와! 설탕이 나온다!"

"정말 설탕이야!"

제당기에서 설탕이 쏟아지던 순간 이병철을 비롯한 임직원들의 가슴을 짓누르던 허탈함이 눈 녹듯이 녹았다.

이병철이 환하게 웃으며 큰 소리로 말했다.

"그래, 이젠 됐어. 드디어 우리 힘으로 해낸 거야!"

"네, 사장님. 우리 힘으로 해냈어요!"

이병철과 임직원들은 모두 하나가 되어 감격에 젖었다. 이를 계기로 이병철은 끝장 볼 각오로 임하면 세상에 불가능은 없다는 것을 깨달았다.

이병철처럼

인생 최대의 난관 뒤에는 인생 최대의 성공이 숨어 있다

제일제당에서 만든 최초의 국산 설탕이었다. 처음에는 국산품을 불신하는 풍조 때문에 판매가 부진했지만 사람들의 입소문으로 만들기가 무섭게 팔려나갔다. 품질이 좋을 뿐 아니라 외국 설탕의 3분의 1가격 밖에 되지 않는 저렴한 가격으로 백설의 인기는 대단했다. 당시 제당공장은 24시간 기계를 가동해도 소화하지 못할 정도의 주문이 밀려있었다.

제일제당은 5개월 후 하루 생산량을 두 배로 확장해야 할 정도로 제당 사업은 대성공이었다.

이병철이 제일제당 주식회사를 차린 것은 획기적인 사건이었다. 당시 우리나라의 기술로는 제당공장을 짓는다는 것은 실현 불가능한 일이었기 때문이다. 하지만 불가능한 일을 이병철이 해냈다. 시작한 일은 어떤 일이 있어도 끝장을 보는 우직함이 빛을 발한 순간이다.

끝장을 보겠다는 각오로 덤비면 이루지 못할 일이 없다. KFC의 창업자인 커넬 할랜드 샌더스라는 사람이 있다. 샌더스는 두 차례에 걸친 사업 실패로 재산을 모두 탕진한 후 마흔 살 때 한 주유소에서 일을 하게 되었다. 그때 샌더스의 귀에 이런 말이 자주 들렸다.

"이 동네에는 제대로 먹을 만한 음식이 없어!"

사람들의 불평에 샌더스는 아이디어가 하나 번뜩 떠올랐습니다. 그것은 바로 압력솥을 이용한 닭튀김 요리법을 개발하는 것이었다. 그는 집에 딸린 작은 차고에서 직접 개발한 요리로 작은 음식점을 차렸다. 얼마 지나지 않아 샌더스의 음식 맛은 입소문을 탔고 지역 신문과 잡지에 실리기까지 했다.

그러나 행복은 오래가지 않았다. 얼마 후 사고로 아들이 죽고, 그 고통을 견디기 위해 미친듯이 일에만 매달리게 되었다. 그 결과 아내의 불만은 커지게 되었고 결국 샌더스는 아내에게 이혼까지 당하고 말았다. 그리고도 비극은 계속되었는데, 원인 모를 화재로 식당이 불에 탄 것이다.

샌더스는 다시 식당을 차려 재기하려 했지만 쉽지 않았다. 얼마 후 식당

주변에 고속도로가 개통되면서 손님은 아예 뚝 끊겨버렸다. 결국 식당은 경매로 넘어가고 파산하고 말았다. 그리고 샌더스는 노숙자 신세가 되었다.

샌더스는 노숙자 생활을 하던 중에도 자기만의 독특한 닭튀김을 개발하는 데 몰두했다. 그리고 계약을 맺기 위해 전국의 음식점을 찾아다녔다. 샌더스는 3년 동안 전국을 돌아다니며 무려 1009곳에서 거절을 당했다. 음식점 주인들은 그를 떠돌이 노인 정도로만 여겼던 것이다.

그러나 샌더스는 꿈을 포기하지 않았다. 그리고 마침내 68세 때 1,010번째 찾아간 음식점에서 첫 계약을 성사시켰다. 첫 계약자는 피터 하먼이었는데, 그때 그는 KFC(켄터키 프라이드 치킨)라는 이름도 제안했다. 그리고 그는 샌더스에게 치킨 체인사업을 해보라고 조언했다.

샌더스는 피터 하먼의 제안을 받아들였다. 그는 잠은 차에서 자고, 세면은 고속도로 휴게소 화장실에서 해결했다. 그렇게 8년 동안 전국을 떠돈 그는 600여 개의 체인점을 확보할 수 있었다. 이렇게 출발한 KFC는 현재 전 세계 80여 개국에 약 1만 3000여 곳의 매장을 가진 세계적인 프랜차이즈로 성공했다.

샌더스의 성공 비결은 무엇이었을까? 그의 성공 비결을 기억하자.

"실패와 좌절의 경험도 인생을 살아가면서 겪는 공부의 하나다. 현실이 슬픈 그림으로 다가올 때면, 그 현실을 보지 말고 멋진 미래를 꿈꾸어라. 그리고 그 꿈이 이루어질 때까지, 앞만 보고 달려가라. 인생 최대의 난관 뒤에는 인생 최대의 성공이 숨어 있다."

02

한걸음 한걸음이 인생이다

- 진짜 학교는 인생이라는 학교이다
- 논어에서 답을 구하다
- 의인물용 용의물의(疑人勿用 用人勿疑)
- 나의 경쟁상대는 세계 최고이나
- 2보 전진을 위한 1보 후퇴
- 사람이 기업을 만든다

진짜 학교는 인생이라는 학교이다

이병철은 열세 살 때 시집간 둘째누나가 있는 진주시 지수보통학교에서 짧은 첫 유학을 시작했다. 하지만 몇 개월 후 서울에서 사는 사촌형을 따라 외갓집이 있는 서울 가회동에서 수송보통학교 3학년에 편입했다.

그러나 서울에서의 성적도 서당에서와 크게 다르지 않았다. 석차는 전체 50명중 35~40등 사이에 머물렀다. 보통학교 4학년을 마친 이병철은 5, 6학교 과정을 거치지 않고 중학부로 진학했다. 그는 여느 아이들과 다르게 성적에 목숨을 걸지도 않았고 대신에 세상 돌아가는 것에 많은 관심을 가지고 있었다. 그는 학교는 졸업장을 받기 위해 다니는 곳이 아니라는 것을 일찌감치 깨달았던 것이다.

중학부를 마치지 않고 이병철은 일본으로 건너가 이듬해 와세다 대학 정치경제학과에 입학했다. 이번에는 무슨 일이 있어도 반드시 졸업장을 받겠다고 다짐했다. 하지만 이런 다짐은 각기병의 발병으로 여지없이 무너지고 말았다. 그리하여 그는 일 년여 간의 일본 유학 생활을 정리하고 고향으로 돌아왔다.

이병철이 받은 졸업장은 72세 때인 1982년 미국 보스턴대학에서 명예경영학 박사 학위를 받은 게 유일하다. 이에 여러분은 이렇게 항변할지도 모른다.

"인생에서 공부가 전부가 아니네요. 이병철 회장은 졸업장 하나 없어도 성공했잖아요."

물론 그렇게 말의 앞뒤를 자르고 말한다면 여러분의 말이 맞을 수 있다. 하지만 인생에서 공부가 차지하는 비중은 매우 크다. 고등학교 졸업 성적이 대학을 결정짓고 대학 졸업성적이 입사할 회사를 결정짓기 때문이다. 학생에게 공부가 매우 중요한데도 이병철에게 졸업장 하나 없었다는 것은 매우 고무적인 일이다. 하지만 조금 비틀어 생각해보면 충분히 납득이 가고도 남는다. 그는 반드시 졸업장만이 미래를 결정짓는 것이 아니라고 생각했기 때문이다.

세계 청소년들의 롤모델이 된 애플사의 회장 스티브 잡스. 그는 이병철처럼 항상 최선을 다하되 졸업장에 목숨을 걸지는 않았다. 학교는 졸업장을 받기 위해 다니는 곳이 아닌 자신이 필요로 하는 지식을 얻기 위해 다니는 곳이라고 여겼기 때문이다.

스티브 잡스의 이력은 와세다 대학을 중퇴한 이병철과 유사하다. 그 역시 다니던 리드 대학을 중퇴하고 부모님의 차고에서 스티브 워즈니악과 함께 애플을 창업했다. 이병철은 불청객인 각기병 때문에 와세다 대학을 포기해야했지만 잡스는 평범한 노동자였던 양부모님이 힘들게 모은 돈이 모두 자신의 학비로 들어가는데 대한 죄책감 때문에 리드 대학을 그만두었던 것이다. 물론 잡스가 오로지 돈 때문에 학업을 그만둔 것은 아니었다. '내 모든 것을 감수하더라도 더 이상 대학에 다녀야 할 가치가 없다.'라는 판단 때문이었다.

그 당시 잡스는 자신의 미래에 대해 생각했다. 그리고 자신에게 어떤 잠재력이 있는지, 자신이 어떤 일을 하고 싶어 하는지에 대해 골몰했다. 그는 남다른 자신의 잠재력과 장래에 대해 생각하기 시작했다. 그 과정에서 대학이 자신이 원하는 답을 알려줄 수 있을까 하는 의문이 생겼다.

'대학 졸업장이 내 미래를 보장해주지는 않아.'

스티브 잡스는 대학교를 그만둔다는 것이 두려웠다. 그러나 앞으로 모든 것이 다 잘 될 것이라 생각하고 자퇴를 결심했다.

잡스는 자퇴를 결정한 순간부터 자신이 듣고 있던 과목들을 우선순위를 정했다. 전혀 흥미를 느낄 수 없었던 과목들은 더 이상 듣지 않고 관심 있는 과목만 골라서 들었다. 그리고 얼마 후 그는 리드 대학에 입학한지 6개월 만에 자퇴를 감행했다.

훗날 잡스는 사람들에게 그 당시를 이렇게 회고했다.

"그 당시에는 상당히 두려웠지만 뒤돌아 생각해보니 제 인생 최고의 결정 중 하나였다는 것을 알았습니다."

당시 그가 내렸던 선택은 훗날 큰 성공을 가져다주는 원인이 되었다. 그 당시 리드 대학은 최고의 서체 프로그램을 제공하고 있었다. 그는 학교 곳곳에 붙어있는 포스터를 보며 매료되었다. 그리고 그는 청강생으로서 서체 수업을 들었다. 그 수업을 들으면서 세리프와 산세리프체를 배웠고, 서로 다른 글씨의 조합이 만들어내는 여백의 다양함 그리고 무엇이 타이포그래피를 훌륭하게 만드는지도 배웠다.

잡스는 서체 수업을 들을 때 시간 가는 줄 모르고 들었다. 한 친구는 당시의 잡스를 떠올리며 "정말 미련한 바보처럼 수업에 집중했다"고 고백한 바 있다.

10년 후 애플사에서 첫 번째 매킨토시를 개발할 때 그때 배운 서체들은 큰 도움이 되었다. 자신이 개발한 매킨토시에 리드 대학에서 배운 서체기능을 모두 탑재시켰다. 그것은 가장 아름다운 서체를 가진 세계 최초의 컴퓨터였다.

만일 잡스가 리드 대학을 과감하게 중퇴하기로 결정하지 않았다면 서체 강의를 듣는 일은 없었을 것이다. 필수 과목의 강의를 듣느라 시간에 쫓겼을 것이기 때문이다. 그랬다면 매킨토시의 복수서체 기능이나 자동 자간 맞춤 기능은 탄생하지 못했을 것이다.

훗날 스티브 잡스는 "자신의 미래를 위해 대학을 포기한 것을 자신의 인생에서 최고의 값진 선택이었다."라고 말했다. 그는 자신에게 무엇이 가장 중요한지 깨달았던 것이다. 그리고 순간순간마다 최선을 다해 분투했다. 그리고 엑스트라였던 그가 세상의 주인공이 되었다.

 이병철, 스티브 잡스와 같은 성공자들은 '인생'이라는 학교에서 배웠다. 그들은 졸업장을 받기 위해 목숨 걸고 학교를 다니지 않았다. 그들에게 있어 학교는 세상에서 자신이 가진 역량을 제대로 발휘하기 위해 지식을 배우는 곳이었다. 그래서 그들은 성적에 민감해 하지 않으며 필요한 공부를 즐겁게 할 수 있었던 것이다.

논어에서 답을 구하다

이병철은 일곱 살 때부터 문산정(文山亭)이라는 서당에서 한학을 공부하기 시작했다. 문산정은 조부인 이홍석이 자신의 호를 따서 만년에 지은 서당이다. 그는 이곳에서 『천자문』부터 시작해 『통감』, 『논어』를 통독했다고 한다.

이병철은 생전에 다양한 종류의 책을 많이 읽었다. 소설에서 역사서까지 가리지 않았다. 그는 자신을 형성하는 데 가장 큰 영향을 미친 책으로 『논어』를 꼽았다. 그는 경영에서 어려움을 겪을 때면 『논어』에서 답을 찾았다.

이병철은 자서전 『호암자전』에서 이렇게 술회하고 있다.

"나라는 인간을 형성하는 데 가장 큰 영향을 미친 책은 바로 논어다. 나의 생각이나 생활이 논어의 세계에서 벗어나지 못한다고 해도 오히려 만족한다. (…) 논어에는 내적 규범이 담겨 있다. 법은 행위의 사후에 작용하지만 내적 규범은 인간사회의 규율에 적대하는 행위의 발생을 미리 막는다. (…) 내가 관심을 갖는 것은 경영의 기술보다는 그 저류에 흐르는 기본적인 생각, 인간의 마음가짐에 관한 것이다."

아버지 이찬우의 처세훈 역시 유교철학과 맥락을 같이 한다. 종종 부친은 이병철에게 "매사에 성급하지 말아야 한다. 무리하게 사물을 처리하려 들면 안 된다."라고 가르쳤는가 하면, '인의예지신(仁義禮智信)'의 생활윤리 가운데 신(信)을 강조해 "비록 손해를 보더라도 신용을 잃어서는 안 된다."라고 가르쳤다. 이병철은 아버지의 말씀을 가슴에 새겨서 매사 사람들에게 신뢰를 잃지 않도록 신중하게 처신했다.

이병철은 우수한 인재 육성에 심혈을 기울이고 욕심을 내면서까지 인재 확보를 적극적으로 추진했다. 당시 인재를 가장 중시하는 경영이념은 삼성의 문화로 현재까지도 뿌리 깊게 정착되어 있다.

언젠가 이병철은 1983년 11월 21일자 일본 경제 주간지 「닛케이 비즈니스」와의 인터뷰에서 "70세를 훨씬 넘긴 지금도 두 가지 중요한 일만은 놓지 않고 있다. 하나가 삼성그룹의 중요한 정책 결정이고, 또 하나는 입사시험 면접이다."라고 말했다. 그는 혈연, 지연, 학연에 관계없이 숨어 있는 인재를 찾으려고 노력했고, 타계 4 5년 전까지도 신입사원 면접에는 반드시 관여했다고 한다. 이병철은 인재는 쉽게 얻을 수 있는 것이 아니라 부단한 교육을 통해서만 만들어진다고 생각했다.

이병철의 이념적 기반을 구성한 것은 유교적 가치관이었다. 특히 애독서 『논어』의 영향이 가장 컸다. 그는 학문으로서의 『논어』에 집착한 것이 아니라 기업가로 살아가면서 공자의 말씀을 가슴에 새겨 실천했던 것이다.

생전에 인재제일주의를 중시했던 이병철은 임직원들에 대한 사랑이 남달랐다. 여러 일화들을 통해 임직원들을 가족처럼 아끼고 사랑했다는 것을 알 수 있다. 그 가운데 야마자키 가쓰히코의 저서 『크게 보고 멀리 보라』에 보면 이런 일화가 소개된다.

2004년 10월, 서울 남산의 남쪽 기슭에 펼쳐진 이태원의 주택가에 이건희 회장이 세운 리움미술관 개관파티에 초대받았을 때의 일이다. 일본에서 나와 함께 초대받은 사람 중에는 당시 산요전기 회장이던 이우에 사토시가 있었는데, 그가 흥미로운 이야기를 들려주었다.

"벌써 30년도 더 된 옛날 일이지만 그때는 정말 놀랐지요. 삼성과의 합병으로 수원에 있는 공장에서 텔레비전 조립을 시작했을 무렵의 일이죠. 공장 안에 들어갔더니 이병철이 마루 밑을 보라고 하는 거예요. 들어 올린 마루 밑을 들여다보니 큼지막한 독이 가득 들어 있더라고요. 김치라고 하더군요. 얘기를 들어본즉 멀리 시골에서 올라온 종업원들이 맛있는 김치가 없으면 식사하기가 괴로울 거라며 그의 지시로 준비한 거라고 하더군요. 그런데 까지 마음을 쓰는 대기업 경영자가 있나 싶어 깊은 감명을 받았지요."

사랑을 베푸는 이는 사랑을 받고 복을 주는 이에게는 복이 오는 법이다. 선행을 베풀면 행복은 반드시 찾아온다. 이우에는 이런 말을 덧붙였다.

"그 김치는 그의 인(仁) 철학을 몸소 실천한 것이죠."

또 다른 일화는 1960년대 중반 무렵 일본에서 있었던 일이다. 이병철이 야마나시 현 야마나카 호수에서 귀가하던 중 후지요시다 시내의 교차로에 접어든 지점에서 자위대 후지연습장에 주둔하는 부대의 대형 트럭이 너무 크게 커브를 도는 바람에 그가 타고 있던 캐딜락 앞부분을 들이받았다. 명백히 상대방의 잘못이었다. 그러나 이병철은 운전기사에게 주행이 가능하다는 것을 확인한 다음 그냥 보내주라고 지시했다. 운전기사가 머뭇거리자 그는 한 마디 덧붙였다.

"여기서 잘잘못을 따져 경찰 신세라도 지게 되면 상대방 운전자는 벌을 받게 되지 않는가."

앞부분이 크게 손상된 캐딜락을 끌고 도쿄에 돌아가 정비공장에 맡겼더니 프레임이 휘어져 더 이상 탈 수 없다는 대답이 돌아왔다. 할 수 없이 그 차는 폐차했다.

마루 밑에 김치 독을 묻어둔 일화를 통해 이병철이 직원들을 얼마나 아끼고 사랑했는지 알 수 있다. 그는 '삼성을 국내 최고가 아닌 세계 최고의 기업으로 키우기 위해 어떻게 해야 할까?'라는 질문을 던졌고 그 답을 『논어』에서 찾았을 것이다. 그 답은 다름 아닌 임직원들에 대한 사랑이다.

그렇다고 이병철이 임직원들에게만 배려하고 아꼈던 것은 아니다. 위의 일화에서 알 수 있듯이 국적이 다른 사람에게까지 인(仁)을 실천했다. 상대방 운전기사의 잘못으로 자신의 캐딜락을 폐차해야 했지만 상대방 운전기사에게 불이익이 돌아 갈까봐 그냥 넘어간 일은 보통 사람으로서는 상상하기 힘든 일이다.

『논어』는 공자에 대해 "온화함 속에 엄격함이 있고 위엄이 있으나 과격하지 않으며 행동이 공손하고 마음은 평온하다."고 평했다. 이병철 역시 『논어』의 가르침을 기업 경영 뿐 아니라 실생활에 접목해 온화하지만 엄격하고 과격하지 않으면서 행동이 공손했다. 그래서 그를 진심으로 따르지 않는 부하직원들이 없었다.

의인물용 용의물의(疑人勿用 用人勿疑)

'의심나는 사람은 쓰지 마라. 쓴 사람은 의심해서는 안 된다.'

삼성의 가장 중요한 경영이념은 인재제일이다. 이병철의 인재제일 원칙은 72년 삼성의 DNA에 새겨져 지금까지 계승되고 있다. 그는 생전에 『통속편』에 나오는 '의인물용 용의물의(疑人勿用 用人勿疑)'라는 말을 자주 인용했다. 이병철은 자신의 일생과 경영이념을 후대에 전달하기 위해 쓴 『호암자전』에서 다음과 같이 밝혔다.

"의심을 하면서 사람을 부리면 그 사람의 장점을 살릴 수가 없다. 그리고 고용된 사람도 결코 제 역량을 발휘할 수 없을 것이다. 일단 채용했으면 대담하게 일을 맡겨라. 이 처럼 사람 쓰는 원칙은 내 경영철학의 굵은 기둥의 하나가 됐다."

그의 말에 의하면 신뢰는 사람의 능력 이상을 이끌어낸다는 것이다. 만일 그 사람을 신뢰하지 않으면 충분히 해낼 수 있는 일인데도 불구하고 제 역량을 발휘하지 못한다는 것이다.

이병철은 삼성상회를 창립한 지 한 달 만에 와세다대학 시절 친구를 지배인으로 영입한 바 있다. 당시 그 친구는 와세다대학을 졸업한 뒤 귀국했지만 학생운동을 했다는 이유로 취직을 못하고 있었다. 그런 그에게 이병철은 어음 발행부터 인감 관리까지 모든 일상 업무를 맡겼다. 업무를 위임한 덕분에 자신은 자재의 구입, 수주 처리 등과 같은 일에 집중할 수 있었다.

'의심나는 사람은 쓰지 마라. 쓴 사람은 의심해서는 안 된다.'

이병철은 이 말을 평생 가슴에 새기고 생활했다. 경영을 하는데 있어 가장 중요한 인재제일 원칙을 철저하게 지키고자 노력했다.

한번은 지인이 이병철에게 인재제일 철학에 대해 물었다. 그러자 그는 이렇게 답했다.

"나는 제대로 된 소양을 갖춘 인물을 채용합니다. 제대로 된 소양이란 그 사람의 인품을 뜻합니다. 그런 사람에게 탁월한 교육을 베풀면 그는 분명 탁월한 삼성맨이 됩니다. 그 사람의 창의적인 두뇌와 노력, 활발한 행동력은 회사를 더욱 발전하고 번창하게 하지요. 따라서 인재는 기업의 재산이라고 할 수 있습니다. 제가 인재제일을 으뜸이라고 생각하는 이유가 여기에 있습니다."

인재제일을 으뜸으로 생각한 이병철은 우수한 인재 선발과 양성,

유지에도 많은 공을 들였다. 이병철은 우수한 인재를 선발하고 양성하기 위해 두 가지를 채택했다. 그것은 신입사원 공개채용과 사원연수제도이다.

1957년 삼성은 공개채용 제도를 국내에 처음으로 도입했다. 당시에는 대부분 인맥을 통해 채용이 이루어지고 있었다. 하지만 이병철은 연고 채용이 아닌 공개시험 채용의 필요성에 대해 절실히 느끼고 있었다. 우수한 인재는 결코 연줄을 통해서 선발할 수 없다는 것을 알고 있었던 것이다.

이병철은 국내 최초로 시행한 공개시험 채용에서 면접을 가장 중요하게 생각했다. 심신이 건강할 뿐 아니라 성실하고 적극적인 사람은 교육을 통해 갈고닦으면 더욱 빛이 날 것이라는 확고한 신념을 가지고 있었다. 그래서 그는 변함없이 직접 면접시험 자리에 참석했다. 그때 이병철은 『논어』에 나오는 다음 글을 되새겼다.

"군자의 길에는 귀히 여겨야 할 것이 세 가지가 있다. 용모를 움직일 때는 오만함을 멀리하고 표정을 바로 해 신의에 다가가며 말을 할 때는 비천함을 멀리한다."

이병철은 면접시험 자리에서 면접자들의 용모나 태도를 가장 먼저 살폈다. 용모나 태도에서 거만함이 묻어나고 표정에 진실함이 나타나지 않은 사람은 채용 대상에서 제외시켰다. 이런 사람치고 제대로 된 소양을 갖춘 사람은 드물기 때문이다. 인품을 가장 중요시하는 이병철의 사원채용 원칙이었던 것이다.

이병철은 사원을 채용하고 나서 일만 시켰던 것은 아니다. 인재를 채용한 후에는 사원 교육에 많은 노력을 기울였다. 삼성은 용인자연농원 내의 창조관을 비롯하여 서울, 부산, 전주 등 전국 각지에 연수시설을 건립했다. 이들 연수시설에서 신입사원, 중견사원, 부장, 임원에 이르기까지 전 사원이 경영기법, 어학, 매너 등의 연수를 받고 있다. 수강 인원은 연 30만 명에서 50만 명에 이른다. 현재 삼성이 보유하고 있는 연수 시설과 수강 인원만 보더라도 당시 이병철이 사원 연수에 얼마나 많은 공을 들였는지 짐작해볼 수 있다.

이병철은 경영자가 경영에서 가장 신경 써야할 점은 눈앞의 이익이 아니라 젊고 우수한 인재를 얼마나 많이 확보하는가에 있다고 생각했다. 젊고 우수한 인재를 많이 확보할수록 기업의 장래가 밝기 때문이다.

이병철은 인재는 나무를 심고 기르는 것과 같다고 생각했다. 따라서 우수한 인재를 선발해놓고 교육시키지 않는 것은 좋은 종자의 나무를 심어놓고 아무렇게나 방치하는 것과 같다고 여겼다.

언젠가 그는 어느 매체와의 인터뷰에서 이렇게 말했다.

"사원들이 늘 회장이나 사장의 눈치를 보며 신경 쓰는 기업의 미래는 어둡습니다. 회장이나 사장이 있든 없든 사원 개개인이 주인의식과 창의적인 마음가짐으로 주어진 제 역할에 최선을 다할 때 기업은 성장하게 되어 있습니다. 그렇게 일할 수 있는 환경을 만들어주는 경영자가 필요합니다."

그는 또 이런 말도 했다.

"우수한 인재 확보에는 훈련과 교육이 무엇보다 중요합니다. '10년을 내다보며 나무를 심고 100년을 내다보며 사람을 심는다'라는 말이 있지요. 회사가 성장하기 위해선 먼저 우수한 인재를 채용하는 것이 중요합니다. 그 다음에는 그들이 제 역량을 발휘하도록 지속적으로 교육을 통한 자극이 뒷받침 되어야 합니다."

이병철은 채용한 사원들을 가족으로 생각하고 애정을 쏟았다. 이같은 그의 인재경영의 밑바탕에는 인간본위의 철학이 깃들어 있다. 특히 제일모직 설립 당시 최신식의 복지시설을 갖추도록 했다는 점은 널리 알려져 있다. 그 가운데 수세식 화장실은 당시로서는 거의 찾아보기 힘든 신식시설이었다. 한번은 박정희 전 대통령이 제일모직을 둘러보다가 최신식의 화장실을 보고는 "내 딸을 맡겨도 되겠구먼."이라고 말했다고 한다. 복리후생의 개념이 없었던 당시로서는 파격적인 조치였다.

이병철 회장이 숱한 시련과 역경에도 불구하고 단기간에 삼성을 일구어낼 수 있었던 것은 의인물용 용의물의, 즉 의심나는 사람은 쓰지 않고 쓴 사람은 의심하지 않았기 때문이다.

그가 사원들을 얼마나 아끼고 사랑했는지 다음 말을 통해 알 수 있다.

"인재제일, 인간본위는 내가 오랫동안 신조로 실천해온 삼성의 경영이념이자 경영의 지주다. 기업가는 인재양성에 온갖 정성을 쏟아야 한다. 인재양성에 대한 기업가의 기대와 정성이 사원 한 사람 한 사람의 마음에 전달되어 있는 한 그 기업은 무한한 번영의 길을 걸어갈 것이다."

이병철처럼

상대방을 진심으로 믿고 진심으로 대하라

"의심나는 사람은 쓰지 마라. 쓴 사람은 의심해서는 안 된다."

좋은 관계, 성공하는 인생을 살고자 한다면 '의인물용 용의물의(疑人勿用 用人勿疑)' 정신을 깊이 생겨야 한다. 이병철 회장과 같은 큰 인물들은 자신이 믿은 사람은 어떤 일이 있어도 절대 의심하지 않았다. 물론 실력이 부족하거나 자신의 마음에 차지 않는 부분이 있더라도 묵묵히 참고 기다릴 줄 알았다. 작은 씨앗이 큰 나무로 성장하려면 인내의 시간이 필요하듯이 사람 역시 제 역량을 발휘하기 위해선 얼마간의 기다림이 필요하기 때문이다.

그런데 사람들 중에 처음에는 온전히 믿었다가 얼마 지나지 않아 의심하는 사람이 있다. 이런 사람은 냄비 근성을 가진 사람이다. 절대 큰 그릇이 되지 못한다. 작은 그릇에는 결코 많은 음식을 담을 수 없듯이 그릇이 작은 사람은 절대 큰 사람이 될 수 없다. 성공하는 인생을 살고 싶다면 먼저 큰 그릇이 되어야 한다. 마음가짐과 태도에서 비롯된다고 할 수 있다.

여러분의 인생은 이제부터다. 무슨 일이든지 마음가짐과 태도가 중요하다. 지금 자신이 어떤 마음가짐과 태도로 생활하고 있는지 살펴보라. 지금의 모습을 보면 10년 후 미래를 내다볼 수 있기 때문이다.

나의 경쟁상대는 세계 최고이다

제당사업이 성공궤도에 오르자 이병철은 새로운 사업에 대한 의욕을 느꼈다.

'우리나라에 근대적이고 규모가 큰 공장을 많이 세워야해. 지금보다 생산량을 늘려 해외로 수출해서 외화를 벌어들여야 나라가 부유해질 수 있어.'

이병철은 지금보다 훨씬 규모가 큰 현대적인 공장을 세워 세계적으로 뻗어나가고 싶었다. 그래서 세계인들에게 국제적인 인정을 받고 싶다는 생각이 들었다. 그래서 그는 제당공장 증설에 필요한 기계를 도입하기 위해 조홍제 부사장을 독일로 파견했다.

해방 이후 말쑥한 양복을 입고 다니는 사람들을 '마카오 신사'라고 불렀다. 산뜻하면서 디자인이 세련되어 보이는 양복지는 거의가 홍콩이나 마카오에서 수입한 외국제품이었기 때문에 붙여진 유행

어였다. 물론 당시 국산 양복지가 있었지만 외국 제품보다 품질이 현저히 떨어진 탓에 사람들은 고가에도 불구하고 외국 양복지를 찾았다.

만일 양복을 국산화시킨다면 국민생활의 향상은 물론 외화를 절약하는데도 크게 이바지할 수 있었다. 무엇보다 이병철은 국민들이 값싸고 질 좋은 양복을 입을 수 있으면 좋겠다고 생각했다. 그는 회사 중역들에게 모방공장을 세우고 싶다는 의견을 말했다. 그러자 중역들은 하나같이 위험한 사업이라며 극구 반대하고 나섰다. 굳이 하겠다면 모직물보다는 위험이 적은 면직류 사업을 하자고 건의했다.

그러나 자신이 옳다고 믿는 일은 무슨 일이 있어도 관철시켰던 이병철은 강한 반대에도 불구하고 중역들에게 모직물 공업에 관한 계획을 검토하라고 지시했다.

어느 날, 중역들의 강한 반대로 마음이 답답한 이병철은 강성태 상공부 장관을 찾아가 의견을 물었다. 그러자 상공부 장관은 이렇게 말했다.

"지금껏 면직물 쪽이 호황을 누렸던 것이 사실입니다. 하지만 긴 안목으로 보면 모직물에는 미치지 못합니다. 면직물을 짜는 기술은 이미 한계에 도달해서 어디에서나 흔하게 볼 수 있지요. 그래서 마음만 먹으면 누구나 할 수 있는 업종이 되고 말았습니다. 사업을 하실 거라면 크게 모직물 사업을 해보시는 것이 나을 것입니다. 무엇보다 현재 모직물이 얼마나 많이 밀수입되고 있는지 그 실태조차 파악되지 않고 있는 형편입니다. 모직공장을 세우는 것은 국가에도 큰 공헌을 하는 일입니다."

강성태 상공부 장관의 말에 힘을 얻은 이병철은 중역들을 모아놓고 모직공장을 짓겠다고 선언했다. 중역들이 아무리 강하게 반대하고 설득해도 이병철은 자신의 뜻을 바꾸지 않았다.

이병철이 모직공장을 짓는다는 소문이 퍼지자 여기저기서 비난과 우려의 목소리가 쏟아졌다.

"어떻게 지금 우리 기술로 모직을 만든다는 거지?"
"설탕 장사로 돈 좀 벌더니 간덩이가 부은 거 아니야!"
"제당사업으로 떼돈을 버니까 모든 일이 자기 뜻대로 되는 줄 아나보지."
"4백년의 전통을 가진 영국과 게임이나 되겠어?"

사실 사람들의 비난과 우려도 이유가 있었다. 당시 영국은 400년 전통을 가지고 국제시장에서 일류로 통하고 있었고 이웃나라 일본만 해도 100년의 역사를 자랑하고 있었다. 그런 모직물 시장에 기술과 전통도 없는 이병철이 도전하겠다고 하니 한 마디로 한심하게 생각되었던 것이다.

이병철은 사람들이 비난을 하자 더욱 오기가 발동했다.
'그래, 마음대로 생각해라. 그동안 내가 해왔던 일들 중에 사람들

이 반대하지 않은 일이 있었던가. 사람들이 비웃든 말든 난 반드시 우리 힘으로 양복을 만들어낼 테니까.'

1954년 9월, 이병철은 제일제당을 설립한 지 일 년 만에 제일모직지주를 설립했다. 제일모직을 설립한 이병철은 공장의 규모에 대해 고민했다.

"국내 시장에 맞게 적당한 크기면 되지 않겠습니까? 공장의 규모가 작으면 그만큼 위험부담도 줄어들 테고요."

중역들은 이병철에게 국내시장을 상대하기 때문에 적당한 규모로 시작하자고 건의했다. 하지만 이병철의 생각은 달랐다.

"단기적으로 볼 때 공장의 규모를 작게 하면 위험이 적습니다. 하지만 장기적으로 보면 처음부터 크게 시작하는 편이 훨씬 유리합니다. 비록 첫 출발은 내수시장을 목표로 하겠지만 최종 목표는 해외시장이 목표입니다. 그러기 위해선 세계시장에 내세워도 부족하지 않을 정도의 규모가 되어야 합니다. 세계 어느 나라에서 우리 공장을 견학하게 되더라도 떳떳하게 내보일 수 있어야 합니다. 국제 수준에 어울리는 규모의 공장을 지어야 국제 수준에 맞는 모직을 생산할 수 있습니다. 무엇보다 우리의 경쟁상대는 국내가 아니라 세계최고입니다."

이병철은 모직공장을 짓고 기계 설비를 갖추는데 드는 막대한 자본을 미국과 일본에서 빌리고자 했다. 하지만 미국과 일본 업계의 반응은 냉담했다.

"한국 기술로는 모직공장을 건설할 수 없을 텐데요. 만약에 모직공장을 짓는다고 해도 제대로 된 모직물을 생산할 수 있을지 의문이군요."

특히 일본은 자신들의 상품을 수입하는 한국에 라이벌이 생기는 것을 탐탁지 않게 여기고 있었다.

그러나 넘어지면 다시 일어서는 오뚝이처럼 자신의 목표를 향해 나아갔다. 어렵사리 자금을 마련한 이병철은 대구 시내의 15만 평의 부지를 매입해 모직공장을 짓기 시작했다. 기계는 독일 스핀바우사로부터 들여오기로 했다.

공장 건설이 한창 진행되고 있을 때 독일 스핀바우서의 대표 기술자가 찾아왔다. 그는 이병철에게 이렇게 말했다.

"본사의 기술자 60여 명이 와서 설치 작업을 하게 됩니다. 하지만 아무리 작업을 서둘러도 1년은 걸려야 모든 기계와 장비를 설치할 수 있습니다."

이병철은 어이가 없었다. 대충 계산해도 1년 동안 기술자들에게 지급해야 할 돈이 30만 달러가 넘었다. 웬만한 공장을 하나 짓고도 남는 액수였다.

이병철이 단호하게 말했다.

"그게 무슨 말입니까? 공장 하나 짓는데 1년이나 걸리다니요? 우리는 제일제당 공장을 지은 경험도 있습니다. 우리에게도 유능한 기술자들이 많으니 주요 부문의 기술자만 한 사람씩 보내주면 반 년 안에 공장을 지을 수 있습니다."

"그건 도저히 불가능합니다. 우리 스핀바우사는 20여 년 동안 세계 각지에 많은 공장을 지은 경험이 있습니다. 얼마 전 인도와 터키에 비슷한 규모의 공장을 지었는데 그때도 60명의 기술자가 1년 동안 작업했습니다."

이병철은 자신 있게 말했다.

"우리는 인도와 터키와 다릅니다. 단 네명의 핵심 기술자만 보내주면 6개월 안에 충분히 작업을 마칠 수 있습니다."

심기가 뒤틀린 기술자가 말했다.

"좋습니다. 그렇다면 공장을 다 지은 후 제대로 물건이 나오지 않아도 저희 스핀바우사는 책임지지 않습니다. 이 조건에 동의하시겠습니까?"

"그렇습니다. 우리는 반드시 성공할 테니까요."

이병철은 기계가 도착하자 매일같이 현장에 들러 큰 소리로 직원들을 독려했다. 이병철의 독려에 직원들은 '해낼 수 있다'는 강한 확신을 가질 수 있었다. 이렇게 해서 모직공장 공사는 이병철의 호언대로 공사는 6개월 만에 성공적으로 마칠 수 있었다.

이병철은 염색, 가공, 방직 등 각 부문별로 직원들을 영국, 독일, 프랑스, 이탈리아 등 선진국으로 연수를 보내 선진기술을 배워오도록 했다. 하지만 제일모직에서 처음 양복지를 생산하자 사람들의 반응은 싸늘했다. 선진국에서 기술을 배워왔지만 그렇다고 해서 처음부터 그들처럼 고급 양복지를 만들지 못했기 때문이다. 제일제당에서 처음 설탕을 생산해 판매했을 때와 같았다. 제일모직 양복지 한 벌 값은 1만 2000환으로 영국제의 5분의 1밖에 되지 않았지만 찾는 사람이 없었다. '국산 제품은 가격은 싸지만 품질이 좋지 않다'는 국산 제품에 대한 강한 불신 때문이었다.

이병철은 가슴이 미어졌다. 하지만 그렇다고 손 놓고 그냥 강 건너 불 구경만 할 순 없었다. 그는 공장장을 급히 불렀다. 공장장에게 해외에서 유명하다고 하는 브랜드 원단을 모두 구하라고 지시했다. 제일모직의 경쟁상대는 세계 최고였기 때문에 세계 최고의 브랜드 원단에서 답을 찾기 위해서였다.

이병철은 해외 브랜드의 원단으로 직접 양복을 만들어 입어보았다. 그러면서 제일모직에서 생산한 원단과 비교분석해가며 품질의 격차를 점점 좁혀나갔다. 그는 사람들을 만날 때면 제일모직에서 생산한 '골덴텍스'로 만든 양복만 입고 다녔다.

사람들은 이병철이 입은 원단이 제일모직 원단인지 모른 채 이렇게 말했다.

"이 사장님께서 입고 계신 옷이 정말 고급스럽습니다. 신사복은 역시 영국제가 최고이지요. 400년의 전통이 어디 가겠습니까?"

"죄송하지만, 지금 제가 입고 있는 원단은 영국제 원단이 아니라 제일모직 원단입니다."

"언제 국산 원단이 이렇게 좋아졌지요? 이제 굳이 비싼 돈 주고 영국제 원단으로 옷을 해 입지 않아도 되겠군요."

그렇게 이병철은 몸소 사람들에게 예전과 확 달라진 제일모직의 원단을 눈으로 확인시켜주었다. 골덴텍스는 꾸준한 품질 개선 노력을 통해 시간이 지나자 찾는 사람들이 늘어나기 시작했다. 처음에 외제는 고급이고 국산은 싸구려라는 인식을 가졌던 사람도 저렴하고 질 좋은 골덴텍스 원단을 찾았다.

당시에는 결혼할 때 신부가 신랑과 신랑의 아버지에게 양복을 선물하는 관습이 있었다. 그 때 선물하는 옷으로 골덴텍스를 사용하지 않으면 신부 측이 비난당하는 일도 빈번했다. 그렇게 차츰 골덴텍스는 한국 양복지의 대명사로 자리매김하고 있었다.

2보 전진을 위한 1보 후퇴

제일모직에서 생산하는 양복지는 한국에 커피문화와 맞춤양복 시대를 열게 하는 데 주도적 역할을 했다. 제일모직의 탄생으로 당시 마카오에서 수입하던 영국제 양복지의 가격이 7만환에서 1만 2000환까지 떨어져 마카오 밀수 원단을 몰아내는 계기가 되었다.

시간이 지날수록 제일제당을 비롯한 제일모직의 사업은 탄탄대로를 달렸다. 이병철의 재산은 하루가 다르게 눈덩이처럼 불어났다. 그런 그에게 대한민국 최고의 재벌이라는 말이 따라다녔다.

모든 사람들이 부러워하는 성공을 일구어낸 이병철이었지만 정작 본인은 행복하지 않았다. 왠지 모르게 마음 한구석이 공허하기만 했다.

'모두들 부러워하는 재력가가 되었는데 왜 내 마음은 행복하지 않은 걸까? 차라리 사업을 일으키고 정신없이 보내던 예전이 더 행복

했어.'

역시 사람은 재물로 진정한 행복을 느낄 수 없는 존재라는 생각이 들었다. 이병철은 또 다시 다른 사업을 구상하기 시작했다. 그는 수입대체 산업에 골몰했다. 외화를 낭비하던 수입을 대체하면서 나라를 부강하게 하고 국민들의 생활에 도움이 되는 사업을 찾기 위해 생각하고 또 생각했다.

수입대체 산업에 골몰해 있던 그에게 '비료'가 눈에 들어왔다. 한국 경제는 미국의 원조에 크게 의존하고 있었는데 연 2억 5,000만 달러의 원조액 가운데 7,000만 달러가 비료를 수입하는데 쓰이고 있었다. 당시 우리나라 인구의 60% 이상이 농업에 종사하고 있었던 데 비해 국산 비료는 전무하다시피 했다.

'언제까지나 비싼 돈을 주고 비료를 수입해 쓸 순 없어. 게다가 비료 수요는 증가하는데 여전히 공급은 부족해.'

이병철은 비료를 국산화시키기로 결심했다. 1959년 연말, 이병철은 도쿄에 머물면서 생각을 정리한 후 재무장관을 만나 자신의 생각을 전했다. 그러자 재무장관은 정부가 나서서 적극 지원하겠다는 약속을 했다. 얼마 지나지 않아 이병철은 이승만 대통령을 만날 기회가 있었다.

"비료 원조는 언젠가는 끊기게 됩니다. 특히 농업은 한국에 있어 기본 산업이기 때문에 해마다 증가할 것입니다. 그래서 저는 비료 공장을 지어 막대한 외화가 새어나가고 있는 비료를 국산화하고 싶습니다."

"그래, 그거 좋은 생각이군. 그렇다면 규모는 어느 정도인가?"

"공장을 작게 지어서는 농민들에게 저렴한 가격으로 공급할 수가 없습니다. 저는 4, 5천만 달러를 들여 세계적인 규모의 공장을 지을 생각입니다."

4, 5천만 달러를 들여 비료공장을 짓겠다는 이병철의 말에 이승만 대통령은 화들짝 놀랐다. 이병철은 이승만 대통령에게 유럽에서 차관을 들여와 자금을 해결하겠다고 말했다. 그 말에 이승만 대통령은 다소 안심했다.

이병철은 즉시 전문가들의 의견을 듣고 자료를 검토했다. 그리고 자금을 구하기 위해 서둘러 유럽으로 떠났다. 먼저 서독에서 크루프사를 방문하고 그 다음 이탈리아에서 몬테카니니사를 방문했다.

"한국에 연간 생산량 30만 톤이 넘는 비료공장을 지을 생각입니다. 그래서 차관을 부탁하기 위해 왔습니다. 선진국에서 개발도상국인 한국의 경제 건설에 도움을 주셨으면 합니다."

이병철은 두 회사에 4,000만 달러의 차관을 부탁했다.

"개발도상국의 발전이 없으면 세계의 안정도 없습니다. 긍정적으로 검토한 후에 연락을 드리겠습니다."

두 회사의 입장은 긍정적이었다. 얼마 지나지 않아 두 회사는 이병철에게 차관을 빌리는데 필요한 사업계획서와 수입지출 예상서, 은행의 지불 보증서 등을 보내달라고 요청했다. 이병철은 마음속으로 쾌재를 불렀다. 당장 눈앞에 세계적인 규모의 비료공장이 세워진 광경이 그려졌다. 돈벌이보다 나라와 국민을 위한 일이라고 생각하니 행복하기까지 했다.

이병철은 즐거운 마음으로 로마에서 휴식을 즐기고 있었다. 그런 그에게 난데없는 청천벽력 같은 소식이 전해졌다. 한국에서 4·19 혁명이 일어나 반정부 시위가 벌어지고 있다는 소식이었다. 게다가 차관을 승인해준 이승만 대통령이 물러났다는 것이었다. 순간 이병철은 쇠망치로 뒤통수를 맞은 듯한 충격에 휩싸였다.

'아니, 어떻게 이런 일이!'

이병철은 눈앞이 캄캄했다. 모든 일이 순조롭게 진행되어가고 있던 상황에서 벌어진 일이었기에 그 충격은 더욱 컸다. 미국에 있는 세계은행과의 마지막 교섭을 남겨두고 있었다. 하지만 그렇다고 해서 이병철은 미국과 교섭을 포기하고 귀국할 수는 없었다. 그는 곧장 미국으로 날아갔다.

그러나 세계은행의 반응은 회의적이었다.

"자원도, 기술도 없는데다 지금 큰 혼란에 빠져있는 한국에 차관을 빌려줄 수 없습니다."

이병철은 설득하고 또 설득했지만 허사였다. 세계은행을 나서는 이병철의 가슴은 찢어졌다. 자신의 꿈이었던 비료공장 건설의 꿈이 허망하게 무너졌기 때문이다.

4·19 혁명의 소용돌이 속에서 많은 기업인들이 부정축재자로 몰

려 검찰 조사를 받아야했다. 그 가운데 이병철도 끼어있었다. 삼성의 임원과 책임자들은 하루가 멀다 하고 불려가 조사를 받았다. 결국 이병철까지 검찰에 출두하게 되었다.

이병철을 향한 담당 검사의 심문이 계속적으로 이어졌다.

"이 사장님, 왜 탈세를 하셨습니까?"

이병철은 당당하게 자신의 의견을 말했다.

"지금 기업인들이 내는 세금은 전쟁 때와 같습니다. 그러니 탈세를 했다고 부정축재자라고 몰아세우지만 말고 시대에 맞게 세금 제도를 고쳐주십시오."

결국 검찰은 50여 개 기업들에 200억 원 가량의 추징금을 통보했다. 이병철은 50억 원의 추징금을 내는 선에서 사건은 마무리되었다.

1961년 5월 16일 박정희 장군이 이끄는 군사 혁명이 일어났다. 당시 사업 구상을 위해 일본에 체류중이던 이병철은 한국의 기업인들이 모두 체포되었다는 소식을 듣게 되었다. 곧이어 삼성의 부사장마저 체포되었다는 소식도 전해졌다. 이병철은 가슴이 철렁 내려앉았다. 마음은 당장이라도 한국에 달려가고 싶지만 이병철은 귀국을 미루고 잠시 사태를 지켜보기로 했다.

이병철은 국가재건회의에 소견을 부탁하는 편지를 보냈다. 그리고 6월 25일 하네다공항을 출발했다. 비행기가 김포공항에 착륙하자 한 청년이 기내로 들어왔다.

"이병철 사장님, 저를 따라오십시오."

이병철은 묵묵히 청년을 따라 지프에 올라탔다. 그리고 그는 서울 명동에 있는 메트로호텔에 연금되었다. 다음 날 이병철은 자신을 연행한 청년을 따라 군사쿠데타를 일으킨 박정희 부의장이 있는 군사혁명위원회로 향했다.

박정희 부의장은 반갑게 이병철을 맞았다.

"고생이 많으십니다. 우리는 현재 혼란에 빠진 나라를 안정시키고 부강한 경제 건설을 위해 부정축재자 열한 명을 체포한 상태입니다."

박정희 부의장은 이병철에게 군사 혁명의 동기에 대해 설명했다. 그리고 그에게 경제 문제에 관한 조언을 구했다.

"부정축재로 몰린 기업가들에게 죄가 없습니다. 모두들 수익보다 세금이 많은 형편성에 맞지 않는 세제를 구실로 열한 명에게 탈세혐의를 씌우는 것은 부당하다고 생각합니다. 차라리 그들의 죄를 물을 것이 아니라 경제 건설에 적극 나서게 하는 것이 나라를 위하는 길일 것입니다."

다음 날 아침, 이병철은 귀가해도 좋다는 말을 들었다. 그리고 며칠 후 체포된 다른 기업인들도 모두 석방되었다. 조사를 끝낸 군사 정부는 기업인들에게 추징금을 부과했다. 그 추징금으로 경제 개발에 앞장서달라는 말도 덧붙였다.

이승만 정권을 붕괴시킨 4·19 혁명부터 박정희의 군사혁명까지의 일 년 남짓한 기간은 한국전쟁에 버금가는 극심한 혼란기였다. 급히 군사정부는 경제개발 5개년 계획을 세워 발표했다. 이병철과 박정희는 경제 건설에 관한 대화를 나누었다. 그리고 박정희는 이병철에게 경제계의 모든 의견을 대표하는 기관인 전국경제인연합회를 설립해 회장이 되어달라는 부탁을 하였다. 이병철은 선뜻 내키지 않았지만 국가지도자의 청이었던 탓에 거절할 수 없었다. 하지만 이병철은 울산공업단지와 같은 큰일을 마친 후 1년 만에 회장직을 그만두었다.

1963년 3월 10일, 박정희는 선거를 통해 대통령에 당선되었다. 축하 인사를 하러 간 이병철에게 대통령이 말했다.

"이 사장, 비료공장 건설에 대해 어떻게 생각하시오?"

그 순간 이병철은 가슴을 덴 듯 통증을 느꼈다. 자신의 꿈이었던 비료공장 설립이 물거품으로 돌아갔던 지난 과거가 되살아났기 때문이었다. 이병철은 더 이상 정부의 말을 신뢰할 수가 없었다. 그동안 정부의 말만 믿고 시도했다가 낭패를 본 일이 한두 번이 아니었기 때문이다.

"저는 비료공장을 건설할 능력이 부족합니다."

이병철이 머뭇거리자 대통령이 말했다.

"이 사장이 부족하다면 누가 한단 말이오? 이 사장이 맡아서 비료공장을 건설해주시오."

이병철은 확답을 피하고 자리를 물러났다.

며칠 후 대통령으로부터 직접 지시를 받은 부총리가 이병철을 찾아왔다. 그는 매일같이 집과 회사로 찾아와 하루 빨리 비료공장 건설에 착수해달라고 요청했다.

대통령이 적극적으로 나오자 이병철은 잊고 있던 꿈이 되살아났다. 그는 어쩔 수 없이 접어야했던 비료공장의 꿈을 반드시 이루고 말겠다고 다짐했다.

이병철은 연 생산량 33만 톤 규모의 비료공장을 건설하겠다고 마음을 굳혔다. 이병철은 미국과 서독, 일본 가운데 일본을 선택했고 곧장 도쿄로 향했다.

도쿄에서 미즈가미 미쓰이물산 사장, 이나야마 야하타제철 사장, 소토지마 고베제강 사장을 만났다. 이 사실이 알려지자 일본 비료업계는 일제히 반대하고 나섰다. 그들은 한국에 더욱 싼값에 비료를 수출할 테니 대규모의 비료공장을 짓지 말아달라고 부탁했다. 하지만 이와는 반대로 일본의 재계의 반응은 호의적이었다. 그들은 다른 나라에 비해 저렴한 가격으로 기계와 설비를 제공해주고 또한 차후 사후관리도 책임지겠다고 피력했다. 이병철은 고민 끝에 미쓰이물산을 선택했다.

1964년 8월, 이병철은 한국비료공업주식회사를 설립했다. 30만 톤급의 공장 건설 기간은 통상적으로 40개월에서 50개월이 걸리지만 이병철은 18개월로 단축할 계획을 세웠다. 미쓰이물산은 무리라며 반대했지만 이병철은 그들을 설득해 공사를 시작했다. 공사에 동원되는 사람들 역시 18개월 안에 공사를 마쳐야한다는 말에 회의적이었다. 하지만 이병철은 그들에게 우리 손으로 역사적인 공장을 건설하는 일인 만큼 최선을 다해달라고 독려했다.

1969년 9월 16일, 이병철은 일본 측과 협의할 일이 있어 도쿄에 머물고 있었다. 그때 이병철에게 서울에서 급한 전화가 걸려왔다. 공장 안에 보관 중이던 사카린을 당국의 허가 없이 매각한 일로 엄청난 파장이 일고 있다는 것이었다. 이병철은 서둘러 귀국했다.

이병철은 관계자들로부터 자초지종을 들었다. 이야기를 들어보니 사카린은 비료 생산을 위해 도입한 약품으로 현장사원의 실수로 처분했다는 것이었다. 그런데 이 일은 지난 봄에 이미 벌금을 내고 일단 종결된 사건이었다. 그런데 지금에 와서 다시 크게 불거진 영문을 알 수 없었다.

이병철은 불현듯 한 달 전의 일이 떠올랐다. 한 달 전 이병철은 어느 정치인으로부터 한국비료 주식의 30퍼센트를 정치자금으로 제공해달라는 부탁을 받은 일이 있었던 것이다. 그리고 사카린 사건이 다시 불거진 것이다.

매스컴은 연일 '한국 최고의 재벌이 밀수를 했다'를 제목으로 보도했다. 국회에서도 난리가 났는가 하면 국민들은 사카린 사건을 전면 재수사해야한다고 목소리를 높였다. 그리고 한국비료 사건의 재수사가 시작되었다. 이병철은 확정판결이 내려진 어떤 사건에 대해 두 번 이상 심리·재판을 하지 않는다는 형사상의 원칙인 '일사부재리'의 원칙을 무시하고 재수사를 한다는 말에 무언가 정치적 음모가 있다고 생각했다.

그러나 이병철은 모든 책임은 자신이 지고 싶었다. 그는 사건을 해결하기 위해 최선을 다했지만 사태는 걷잡을 수 없는 상황으로 번졌다. 급기야 차남인 이창희를 비롯한 몇 명의 관련자들이 구속되기에 이르렀다.

이병철은 급히 기자회견을 열었다.

"모든 책임을 지고 한국비료공업주식회사를 국가에 헌납하겠습니다. 이번에 일어난 일로 인해 심려를 끼쳐드린 점 고개숙여 사죄의 말씀 드리며, 어떤 벌이라도 달게 받겠습니다."

이병철은 모든 것을 잃은 것만 같았다. 그동안 한국비료를 세우기 위해 4천만 달러가 넘는 외자를 유치하기 위해 힘들게 외국을 돌아다녔던 모습이 주마등처럼 스쳐지나갔다. 무엇보다 사카린을 밀수했다는 누명을 쓴 채 자신의 마지막 꿈과도 같았던 한국비료를 국가에 빼앗기다시피 헌납하게 된 현실을 받아들일 수 없었다.

그러나 이병철은 한국비료를 국가에 헌납했지만 마지막까지 비료공장의 건설을 직접 지휘했다.

"여러분, 우리의 피와 땀이 고스란히 배어있는 비료 공장의 완공을 앞두고 있습니다. 회사의 주인이 바뀌어도 공장의 주인은 바로 여러분입니다. 마지막까지 최선을 다해주십시오."

1967년 봄, 마침내 한국비료공장이 완공되었다. 세계최대규모의 비료공장이 완공되었다는 소식이 매스컴에 보도되었지만 이병철은 마음이 씁쓸하기만 했다. 그는 비료공장의 완공의 기쁨도 누리지도 못한 채 한국비료를 국가에 헌납하기 위한 수순을 밟기 시작했다.

이병철은 자신의 꿈이 고스란히 담겨 있는 한국비료를 잃는다는 생각에 가슴이 아팠지만 '2보 전진을 위한 1보 후퇴'로 여겼다. 기꺼운 마음으로 자신의 꿈을 내어주면 머지않아 하늘은 또 다른 꿈을 선물한다고 생각했던 것이다.

사람이 기업을 만든다

 이병철은 사람이 기업을 만든다고 생각했다. 그래서 그는 인재제일을 으뜸으로 여겼다. 이병철은 우수한 인재 선발과 양성, 유지에 많은 노력을 기울였다. 우수한 인재를 선발하고 양성하기 위해 두 가지를 채택했는데, 신입사원 공개채용과 사원연수제도이다.

 1957년 삼성은 공개채용 제도를 국내에 처음으로 도입했다. 당시에는 대부분 인맥을 통해 채용이 이루어졌다. 그래서 자신이 다니고 싶은 기업에 지인이 몸담고 있다면 취업하는 일은 그다지 어렵지 않았다. 그래서 '줄을 잘 서야 한다'는 말이 생겨났다.

 이병철은 연고 채용이 아닌 공개시험 채용의 필요성에 대해 절실히 느끼고 있었다. 우수한 인재는 결코 연줄을 통해서 선발할 수 없기 때문이다.

 이병철은 최고의 기업을 만들기 위해 최고의 인재를 모집해야한다고 생각했다. 그래서 그는 국내 최초로 사원공개모집을 했다. 1957년 1월 30일, 서울 성북구 종암동에 있던 서울대학교 상대 강당에서 첫 공채시험을 치렀다. 그날은 영하 15도의 매우 추운 날씨 속에서 전국각지에서 모여든 500여 명의 지원자들이 시험을 치렀다.

2주 후 반도호텔 5층 삼성물산 본사에서 면접시험이 있었다. 면접시험은 임원들과의 1차 면접과 이병철과의 2차 면접 방식으로 진행되었다. 2차 면접에서는 이병철 회장이 직접 나섰다.

이병철은 지원자들에게 다음과 같은 간단한 질문을 던졌다.

"결혼은 했나?"

"고향은 어데고? 형제는 몇이고?"

"부모님은 계시나?"

물론 그런 질문의 답은 이미 입사지원서에 쓰여 있었다. 하지만 이병철이 질문을 던진 이유는 자신의 질문에 대한 대답을 할 때의 용모나 태도 등 품성을 보기 위해서였다. 용모나 태도에서 거만함이 묻어나고 표정에 진정성이 결여된 사람은 채용 대상에서 제외시켰다. 그래서 질문을 많이 받은 사람들 가운데 떨어진 사람들이 있는가 하면, 몇 마디 대답만 했을 뿐인데 합격한 사람들도 있었다.

그 후에도 이병철은 아무리 바쁜 일이 있어도 신입사원을 뽑는 날에는 어김없이 면접시험장에 모습을 나타냈다. 그가 면접평가를 때 가장 중점을 둔 것은 다음 세 가지였다.

첫째, 몸이 건강한가.

둘째, 용모가 단정한가.

셋째, 대화는 활발하게 하는가.

이병철은 최종합격자들은 제일모직에서 한 달 간 공장실습 기간을 거치게 했다. 쉽게 말해 삼성의 분위기를 파악하기 위한 수습기간이었다. 수습생들은 실을 뽑는 방적공정, 천을 짜는 직포공정, 실이나 포지를 염색하는 염색공정, 세척하고 다림질하는 사공공정, 흠을 고치는 정포공정 등 생소한 기계와 전문용어를 배우며 생산 공정 전반에 대한 이해를 넓힐 수 있었다.

이병철은 제일모직에서 연수가 끝난 신입사원을 이번에는 제일제당으로 보내 그곳에서도 3개월 간 현장실습을 시켰다. 원당 창고에서 무거운 설탕포대를 나르는 일 등 작업 현장의 일들을 배우게 했다. 기업을 이끌어가기 위해선 먼저 기업이 어떤 일을 하는지부터 알아야한다고 생각했기 때문이다.

이병철은 수습생들에게 조언과 충고를 아끼지 않았다.

"앞으로 자네들과 같은 젊은이들이 삼성을 이끌어가야 한다."

"자넨 급한 성격을 좀 고쳐야겠어."

"자기 일을 더 잘하려면 배움에 열의를 아껴선 안 된다."

삼성에 사회인으로서 첫발을 내디딘 수습생들에게 이병철은 기업의 오너라기보다는 아버지와도 같았다. 이처럼 이병철이 사원교육에 신경을 많이 쓴 것은 자신의 인재제일 원칙 때문이었다. 사람이 기업을 만든다는 것을 알고 있었던 것이다.

이병철은 인재의 중요성에 대해 누구보다 잘 알고 있다.

"기업은 사람으로 이루어진다. 사람이 기업을 움직인다. 기업의 성공과 실패를 좌우하는 것은 사람이다. 그 사람을 길러내는 것이 바로 기업이다."

그는 또 인재를 선발할 때의 기준에 대해 다음과 같이 말했다.

"사람은 본인이 노력하기에 따라 얼마든지 변할 수 있다. 하지만 그렇다고 누구나 노력을 통해서 능력이 향상되는 것은 아니다. 그 사람이 선천적으로 노력할 수 있는 능력을 가지고 있어야 한다. 그래서 나는 그 사람의 선천적인 기질이 노력형인지, 아닌지에 많은 비중을 두고 평가한다."

생전에 이병철은 인재에 많은 욕심을 가지고 있었다. 그는 100년 앞을 내다본다면 인재를 육성해야한다고 생각했던 것이다.

"자리가 부족할수록 인재가 많아야 한다. 자리보다 훨씬 많은 인재가 존재한다는 것은 기업이 발전할 가능성이 크다는 것을 뜻한다."

이병철이 생각하는 인재상은 항상 문제의식을 가지고 끊임없이 새로운 아이디어를 창조해내는 사람, 뛰어난 능력을 가진 사람보다 노력하는 능력을 가진 사람, 적극적이 실천력이 강한 사람, 남들과 잘 어울리고 협조를 아끼지 않는 사람, 건강하고 이치에 맞는 생각을 하며 맡은 일을 꼼꼼하게 처리하는 사람이었다. 그는 이런 인재를 선발하고 육성하기 위해 힘을 아끼지 않았다.

국내 최고의 기업 삼성에 자신의 자식을 취업시키기 위해 이병철에게 청탁하는 사람들도 적지 않았다. 그때마다 이병철은 다음과 같은 말로 거절했다.

"너무 염려하지 않으셔도 됩니다. 100대 1의 경쟁이라고 해도 능력만 있으면 당당하게 합격할 것입니다."

이병철은 기업을 이끄는 인재 선발은 어디까지나 공정하고 객관적이어야 한다고 생각했다. 그래서 종종 임원들에게도 우수한 인재가 혈연이나 지연 등의 연고에 의해 밀려나는 상황이 생겨선 안 된다고 말했다.

1982년 삼성은 국내 최초로 경기도 용인에 종합연수원을 만들어 직원들에게 정기적이고 체계적인 교육을 시작했다. 오늘날 사원 채용에서부터 교육과 훈련, 보수, 평가 등 인적자원의 관리에서는 삼성을 따라갈 기업이 국내에는 없다.

지금처럼 삼성이 국내 최고를 넘어 세계적인 기업이 될 수 있었던 힘은 인재를 모아 육성한 이병철 회장의 인재제일 원칙의 덕분이다.

지금도 사람을 중시하던 이병철 회장의 육성이 들리는 듯하다.

"기업이 사람을 만드는 것이 아니라 사람이 기업을 만든다."

이 병 철 처 럼

스펙보다 바른 품성을 가꿔라

이병철 회장은 사원을 채용할 때 용모나 태도 등 품성을 가장 중요시하게 생각했다. 개인의 능력은 꾸준한 자기계발을 통해 향상이 가능하지만 그 사람의 천성적인 됨됨이는 개선하기가 힘들기 때문이다.

비전을 실현하고 성공하는 인생을 살고자 한다면 스펙을 쌓기에 앞서 바른 품성을 가꿔나가야 한다. 품성이 바르지 못하다면 아무리 능력이 뛰어나더라도 그 능력을 펼칠 수 있는 기회를 가질 수 없게 된다. 사람이 그 기회를 제공하기 때문이다.

'가장 존경 받는 벤처 기업가', '가장 신뢰받는 리더' 안철수. 그는 회사의 가치관이 중요하듯이 개인의 가치관 역시 중요하다고 생각한다. 안철수가 가장 중요하게 여기는 가치관은 '정직'과 '성실', '끊임없이 공부하는 자세'이다. 이 세 가지의 가치관을 토대로 '삶의 원칙'을 가지고 있다.

안철수가 지키고자 하는 '삶의 원칙'은 다음과 같다.

1. 매순간에 최선을 다하고, 끊임없이 변화하며 발전하기 위해서 노력한다.
2. 목표를 세우고 스스로를 채찍질한다.
3. 결과도 중요하지만 과정을 더 중요하게 여긴다.
4. 스스로를 다른 사람과 비교하지 않으며, 외부 평가에 연연하지 않는다.
5. 항상 부족하다고 생각하며 작은 성공에 만족하지 않으며 방심을 경계한다.
6. 기본을 중요하게 생각한다.

안철수처럼 자신만의 가치관을 가져야 한다. 그러할 때 어떤 시련이나 역경이 닥쳐도 흔들림 없이 목표를 향해 나아갈 수 있다. 가치관은 강한 바람에도 쓰러지지 않는 나무의 깊은 뿌리와 같다.

여러분의 가치관은 무엇인가? 몇 초 안에 대답할 수 없다면 자신의 가치관에 대해 고민해보라. 당장은 사소하게 여겨지는 가치관이 여러분을 올바른 인생으로 이끌 테니까.

03

시련이 클수록 성공은 더욱 빛난다

- 해뜨기 직전이 가장 어둡다
- 사력을 다하면 안 되는 일이 없다
- 죽음의 문턱에서 다시 시작하다
- 크게 보고 멀리 보라
- 도전하고, 또 도전하라
- 이름보다 꿈을 남기고 떠나다

해뜨기 직전이 가장 어둡다

이병철은 젊은 시절 정미소와 운수업으로 큰돈을 벌었다. 자신감을 얻은 그는 은행에서 돈을 빌려 본격적으로 땅을 사기 시작했고, 불과 2년 만에 대구 인근에 200만 평의 토지를 소유한 대지주의 반열에 올랐다.

그러나 1937년 3월 일본의 중국 침략으로 중일전쟁이 터졌다. 급박한 전시체제로 돌입하자 일본 정부는 은행에 일체의 대출을 중단하고 기존의 대출도 모두 회수하도록 지시했다. 시장경제는 곧바로 얼어붙었고 전답의 시세는 폭락했다. 은행 대출금을 모두 상환해야만 했던 이병철은 발등에 불이 떨어졌다. 그는 전답의 값이 더 떨어지기 전에 서둘러 처분해야만 하는 처지에 놓였다. 이병철은 울며 겨자 먹기 심정으로 자신이 땅을 샀던 가격보다 싼 값에 팔아야했다. 그 과정에서 막대한 손실을 입자 할 수 없이 정미소와 운수회사도 처분하고 대출금을 갚았다. 그러고 나자 손에 남은 것은 현금 2만 원과 전답 10만 평뿐이었다. 처음 사업을 시작할 때 아버지로부터 물려받은 재산만 건질 수 있었던 것이다. 지나친 욕심 때문에 하루아침에 망하고 만 것이다.

그때 이병철은 프로에센의 장군, 헬무트 폰 몰트케의 말을 가슴에 새겼다.

"나는 항상 젊은 사람들의 실패를 흥미롭게 바라본다. 젊은 시절의 실패는 곧 성공의 토대이다. 실패에 좌절해 물러섰는가 아니면 용기를 내 다시 전진했는가. 젊은이 앞에는 이 두 가지 길이 있는데 성공은 바로 그 순간에 결정된다."

야마자키 가쓰히코는 저서 『크게 보고 멀리 보라』에서 "이병철은 자신의 실패를 사려가 없고 무계획적인 교만의 결과라고 여겼다."고 말했다. 그러면서 그는 이병철이 실패에서 다음과 같은 네 가지 교훈을 얻었다고 말한다.

- 세상의 움직임을 예리하게 관찰한다.
- 욕심을 자제하고 자기 능력과 한계를 판단해 지킨다.
- 요행을 바라는 투기는 절대 하지 않는다.
- 사업에 착수할 때는 직감력을 기르고 제2, 제3의 대비책을 세운다. 만약 대세가 기울어 실패라는 판단이 서면 재빨리 과거를 청산하고 차선책을 택한다.

비록 정미소와 운수업에서 실패했지만 그에게 값진 교훈을 가져다주었다. 이병철은 그때의 실패를 거울삼아 앞으로 사업을 할 때는 진지하게 생각해보는 자세를 가지게 되었던 것이다.

그 후에도 이병철은 숱한 시련과 역경에 부딪혔다. 사람은 시련을 통해 그릇의 크기가 커진다는 말이 있다. 이병철이 삼성그룹을 일궈내고 불모의 한국 경제를 세계적 수준으로 격상시킬 수 있었던 것 역시 숱한 시련과 역경으로 단련되었기 때문이다.

지금껏 이병철을 키운 것은 시련과 역경이었다. 이병철이 당시에는 죽을만큼 괴롭고 힘든 시간을 감내해야했지만 그 시련과 역경이 인생의 자양분이 되어주었다.

이병철의 인생 역정을 살펴보면 '해뜨기 직전이 가장 어둡다'라는 말이 떠오른다. 정말 그의 성공 직전에는 어김없이 캄캄한 암흑이 도래했었기 때문이다.

살아오면서 많은 실패를 경험한 이병철은 '사업은 요행이 아니고 사업가는 큰 흐름을 읽어야 한다'는 점을 깊이 깨달았다.

"실패를 벌하지 않는다. 단지 같은 실패를 반복하지 않도록 실패의 원인을 파악하고 기록을 남기면 된다."

이병철은 실패를 야단치기보다 실패가 두려워 도전하지 않는 사람을 야단쳤다. 실패가 두려워 도전하지 않는다는 것 자체가 실패이기 때문이다. 그는 숱한 실패를 통해 세상에 도전하지 않고 성공할 수 있는 일은 아무 것도 없다는 것을 누구보다 잘 알기 때문이다.

이병철과 마찬가지로 빌 게이츠 회장 역시 실패의 경험을 자산으로 여긴다. 그는 이렇게 말한 바 있다.

"실패한 기업에 몸담은 경력이 있는 간부를 의도적으로 채용하고 있다. 실패할 때는 창조성이 자극되게 마련이다. 밤낮 없이 생각에 생각을 거듭할 수밖에 없다. 앞으로 MS도 반드시 실패를 겪을테지만, 난국을 타개할 능력이 있는 사람은 어려운 상황일수록 더욱 빛을 발할 것이다."

이병철처럼

실패해도 도전을 멈추지 마라

해뜨기 직전이 가장 어둡다. 사람들 가운데 정말 내 인생에 해가 뜰까, 하는 생각이 들 정도로 힘든 시기를 보내고 있는 사람이 있다. 지금의 어려운 시기를 잘 헤쳐나간다면 분명 머지않아 성공하게 된다.

최초로 할리우드 진출에 성공한 한국 배우 김윤진. 그녀 역시 어렵고 힘든 시기를 극복했기에 지금처럼 성공하는 인생을 살 수 있는 것이다.

김윤진은 뉴욕 보스턴대학교를 졸업한 후 배역 찾기가 힘든 동양인이라는 한계를 극복하고 오프브로드웨이에서 연기 잘하는 배우로 인정받았다. 그리고 2002년, 영화 〈밀애〉에 출연해 '청룡영화제' 여우주연상을 수상했다.

그러나 그녀는 충무로의 끈질긴 출연 제의를 뿌리치고 2년 후 미국으로 건너갔다. 그녀는 어려움 끝에 미국 ABC와의 전속계약 후 미국 최고 시청률을 기록한 〈로스트〉에 '선'이라는 배역으로 출연하면서 할리우드 진출에 성공했다.

그러나 그녀가 영화배우로서 처음부터 화려했던 것은 아니었다. 미국에서 밤 세워 PR 테이프를 제작한 뒤 직접 에이전시를 찾아 나서고, 오디션을 위해 대본이 닳도록 연습했던 적도 있었다. 하지만 그녀는 거듭 오디션에서 떨어졌고 도전을 멈추지 않았다. 그 결과 마침내 자신이 바라는 인생을 창조할 수 있었다.

성공한 사람들은 꿈을 이룰 때까지 포기하지 않았고 실패한 사람들은 한 두 번 도전해보다가 쉽게 포기했기 때문이다. 시련과 역경에도 계속 도전하느냐, 포기하느냐가 남은 미래를 좌우한다.

현실이 아무리 힘들고 고통스럽더라도 희망을 잃어선 안 된다. 해 뜨기 직전이 가장 어둡다는 사실을 잊지 말아야한다.

사력을 다하면 안 되는 일이 없다

이병철은 삼성물산에 개발부를 만들었다. 개발부는 4개월 동안 삼성의 신 성장 동력이 될 새로운 사업에 대한 조사와 연구 등을 통해 사업의 타당성을 검토해 이병철에게 보고했다. 이병철은 개발부가 작성한 보고서를 읽고 앞으로 전자산업분야가 기술과 노동력, 부가가치, 그리고 내수와 수출 전망 등에서 반드시 필요한 산업이라고 판단했다.

이병철은 즉시 일본으로 건너가 산요전기의 이우에 토시오 회장을 만났다. 이우에 토시오 회장과는 예전부터 알고 지낸 사이였다. 이병철은 그에게 전자산업에 대해 자문을 구했다. 그러자 이우에 회장은 이병철을 도쿄에 위치한 전자산업단지로 안내했다.

이병철은 산요전기의 전자산업단지를 보자 입이 다물어지지 않았다. 40만 평이라는 거대한 공장에서 텔레비전과 수상기, 냉장고, 에 어컨 등이 셀 수 없이 쏟아져 나오고 있었기 때문이다.

'한국의 전자단지는 고작 몇 천 평에 불과한데 일본은 정말 대단하구나.'

잠시 후 이우에 회장은 이병철에게 말했다.

"전자산업이야말로 모래로 된 실리콘 칩에서 텔레비전 수상기에 이르기까지 무에서 유를 만들어내는 부가가치 99%의 산업이라고 할 수 있습니다."

산요전기의 전자산업단지 견학을 마치고 돌아온 이병철은 산요전기보다 더 큰 전자산업공장을 세워야겠다고 결심했다.

전자산업공장을 세우기 위해 이병철은 수원에 부지를 사들이기 시작했다. 이병철은 앞으로 10년 후를 내다보고 수원에 45만 평의 땅을 사들였다. 그는 라디오와 텔레비전을 96% 이상 해외로 수출할 생각이었다. 그리고 더 나아가 컴퓨터와 반도체 분야로 옮겨갈 계획을 세워놓고 있었다.

1969년 1월 3일 마침내 삼성전자공업주식회사가 설립되었다. 이병철은 삼성전자를 세계적인 회사로 성장시키기 위해 '전자단지의 대형화, 공정의 수직 계열화, 기술개발 능력의 조기 확보'라는 3대 원칙을 세웠다. 그러기 위해 가장 먼저 삼성은 경남 울주군에 70만 평, 경기도 수원에 45만 평의 공장 부지를 마련했다.

이병철은 일본 굴지의 전자기업인 산요전기와 신니폰전기(NEC)와 합자 회사인 삼성산요, 삼성NEC를 설립한다고 밝혔다. 그리고 한 달 후 주요 생산 품목인 실리콘 트랜지스터와 집적회로, 텔레비전 브라운관 등의 연간 생산 규모를 발표했다.

그러자 국내 전자업계들이 아직 생산하지 못하고 있는 품목을 초대형 규모로 생산한다는 말에 국내 전자업계는 경악을 금치 못했다. 국내 전자업계는 삼성이 투자를 한다기에 이 정도의 규모일 줄 몰랐던 터라 파장은 예상보다 거셌다. 전자업계에서는 삼성의 전자산업 진출에 제동을 걸었다. 시간이 지나자 전자업계 뿐 아니라 언론과 일부 국회의원들까지 나서서 이병철의 발목을 잡았다.

"산요전기가 우리나라에 들어오면 한국시장을 노리고 있는 내셔널, 소니 등도 산요전기를 방패삼아 들어올 확률이 높다. 그러면 우리나라 전자시장은 완전히 일본 업체의 손에 넘어가게 될 것이다."

반대 여론이 거세지자 삼성의 사업 허가가 자꾸만 지연되었다. 그렇다고 이병철은 전혀 물러설 생각이 없었다. 이병철은 더 이상 지켜볼 수 없다는 생각에 정부에 회사에서 생산하는 제품을 100퍼센트 수출한다는 조건으로 사업 허가를 받았다. 그렇게 해서 1970년 1월 20일 삼성NEC(현 삼성SDI)를 설립했다.

이병철은 삼성전자 임직원들에게 2년 안에 수원의 삼성산요 공장과 울주군의 삼성NEC 공장을 완공하라고 지시했다. 그는 또 일본 도쿄의 산요전기단지보다 한 평이라도 더 크게 지어야한다는 당부도 잊지 않았다.

이병철은 기술력을 확보하기 위해 사원들을 일본산요에 연수를 보냈다. 하지만 산요에서 관련 기술을 배우는 일은 생각처럼 쉽지 않았다. 산요 기술자들은 핵심 기술에 대해서는 철저하게 철통같이 보안을 유지함으로써 관련 기술의 유출을 막았기 때문이다. 그들은 주요 부품의 설계도면이나 가격 등에 관한 서류는 항상 가방에 넣어 가지고 다녔다. 텔렉스(가입자끼리 임의의 시간에 전신회선망에 의해 통신할 수 있는 전신)실의 문을 걸어 잠그고 근처에는 얼씬도 못하게 했다. 심지어 생산 과정에 어떤 문제가 발생하면 삼성 기술자들을 모두 밖으로 내보낸 후 자기들끼리 도쿄 본사와 연락해 일을 해결했다.

삼성 기술자들은 산요 기술자들의 오만하고 무례한 행동에 분통이 터졌다. 하지만 화가 난다고 해서 그냥 한국으로 돌아올 수는 없는 일이었다. 이병철은 누구보다 산요 기술자들의 횡포에 어려움을 겪는 삼성 기술자들의 고충을 잘 알고 있었다. 그래서 이병철은 삼성 기술자들이 어려움을 호소할 때마다 이렇게 말했다.

"비록 지금은 저들의 수모에 분통이 터지지만 그럴수록 이를 악물고 기술을 배워야 합니다. 그 길만이 저들을 이기고 오늘의 수모를 갚아줄 수 있습니다."

온갖 어려움 속에서도 이병철은 기술개발에 온 힘을 쏟은 결과 1970년 5월부터 생산에 들어갈 수 있었다. 트렌지스터라디오를 비롯해 여러 전자부품을 생산하기 시작했다. 그리하여 그 해 330만 달러라는 수출 실적을 올리기도 했다. 삼성전자는 이듬해 9인치와 12인치 흑백텔레비전 500대를 최초로 파나마에 수출하는 기염을

토했다.

사업은 조금씩 안정적인 궤도에 진입하고 있었지만 이병철의 마음은 행복하지가 않았다. 열심히 생산해서 해외시장에 팔아봤자 삼성이라는 이름이 알려지는 것이 아니었기 때문이다. 산요전기와의 계약 때문에 '삼성'이라는 상표를 당당하게 붙일 수 없었던 것이다.

그러나 이병철은 마음속으로 머지않아 우리의 독자적인 힘으로 텔레비전을 개발할 수 있으리라 믿었다. 이런 기대와 믿음 속에서 쏟은 노력이 1972년 1월 20일 드디어 결실을 맺었다. 우리 힘으로 만든 텔레비전을 미국에 수출한 것이다. 그 후로 삼성전자가 만든 텔레비전은 없어서 못 팔정도로 인기를 누렸다.

삼성전자가 미국에서 성과를 발휘하기 시작하자 일본 전자업계는 바짝 긴장했다. 더 이상 삼성 기술자들에게 기술을 알려주지 않았다. 일본 전자업계로부터 기술을 이전 받을 수 없게 된 삼성전자는 비상이 걸렸다.

이병철은 시름이 깊어졌다.

"현재 우리 자체적인 기술로는 많이 부족해. 아직 산요전기로부터 배워야할 기술이 많은데 이를 어쩌지?"

그러나 이병철은 장애물이 생기면 더욱 오기가 발동하는 타입이다. 일본의 전자업계가 기술 이전을 막아서자 이병철은 스스로의 힘으로 제품을 만들기로 마음먹었다.

이병철은 실의에 빠져있는 기술진에게 말했다.

"언제까지나 일본 전자 업계에 의지할 수는 없습니다. 우수한 외국제품을 모조리 사들여 분해하고 맞춰보며 스스로 연구 개발을 해야 합니다."

삼성 기술진은 외국 제품을 사다 놓고 하나하나 뜯어보며 머리를 맞대고 기술을 연구했다. 제품만 뜯어보며 기술을 연구하는 일은 장님이 눈감고 코끼리 다리를 만지는 것과 같았다. 하지만 그들은 포기하지 않고 밤낮없이 외국의 관련 책을 참고하면서 독자적인 기술력을 확보해나갔다. 그렇게 고생한 결과 삼성전자는 국내 최초로 컬러텔레비전을 개발하는데 성공했다. 그리고 1982년 컬러텔레비전 200만 대를 생산하는 기록을 세워 한국 전자산업의 새 장을 열었다. 이 모든 결실들은 온갖 시련과 역경 속에서도 포기하지 않고 '할 수 있다'고 믿으며 노력을 아끼지 않은 삼성 기술자들이 이룬 눈부신 성과였다.

죽음의 문턱에서 다시 시작하다

오로지 사업가로서 한 길만을 걸어온 이병철은 어느새 50대를 지나고 있었다. 그동안 마음 놓고 여행 한 번 다니거나 휴식을 취한 적이 없었다. 그는 항상 10년 후를 내다보고 새로운 사업에 뛰어들었던 것이다.

그런 과정에서 자신의 모든 열정을 쏟아 부은 한국비료는 아무런 결실도 얻지 못한 채 국가에 귀속되는 아픔을 겪었다. 그러면서도 한편으로 삼성문화재단, 중앙일보, 중앙개발, 고려병원을 설립했으며, 동양방송과 라디오서울 뿐 아니라 동방생명(현 삼상생명), 동화백화점(현 신세계백화점)을 인수해 1960년대에 모두 11개 사를 그룹 계열사에 추가했다. 1969년에는 현재 삼성전자의 모태인 삼성전자공업을 설립했다.

이병철은 1970년이 되어서도 열정적인 모습으로 경영에 임했다.

1973년, 이병철은 미국에서 자본금을 빌려 호텔 신라를 짓기 시작했다. 그런데 제1차 오일쇼크가 터져 어쩔 수 없이 공사를 멈출 수밖에 없었다.

이병철은 전자산업의 성공에 힘입어 중공업 분야에 뛰어들어야겠다고 생각했다. 가장 먼저 시작한 것은 조선이었다. 그는 그 해 5월 일본의 대표적인 조선회사 IHI(이시가와지마하리마중공업)의 다구치 회장을 찾아갔다. 이병철은 다구치 회장에게 한국에 조선소를 짓는데 대해 도움을 요청하자 다구치 회장은 이렇게 말했다.

"사실 그동안 한국은 물론 대만과 필리핀 등지에서 저희 회사와 제휴하기를 원한다며 찾아왔습니다. 하지만 선박은 하고 싶다고 해서 할 수 있는 사업이 아니기 때문에 모두 거절했지요. 하지만 이병철 회장께서 하신다면 가능성이 있다고 생각합니다."

다음 날 귀국한 이병철은 7월에 조선사업부를 만들고 공장부지 매입에 나섰다. 조선소를 세울 곳으로 경남 통영군 안정리로 결정했다. 150만 평의 땅을 매입한 후 이병철은 다구치 회장에게 보여주었다. 그러자 다구치 회장은 만족한다며 자본금의 반을 대는 합작투자가 성사되었다.

이병철은 1974년 5월 정부로부터 IHI와의 합작회사 설립허가를 받았다. 하지만 오일쇼크로 세계의 조선업계는 불황을 면치 못했다. 배를 만들어달라는 주문이 끊겼고 심지어 계약금을 포기하면서까지 주문을 취소하는 일도 비일비재했다. 이병철은 3년 정도 기다려보고 조선소 사업이 가능하다는 판단이 들면 추진하고 그렇지 않다면 포기하기로 생각을 굳혔다.

그로부터 2년 후인 1976년 이병철은 잠시 쉬기 위해 일본을 방문했다. 그때 자주 식욕이 없고 속이 불편했다. 그는 오래전부터 건강검진을 받아오던 게이오 대학 부속병원에서 진찰을 받았다. 위궤양 증세가 의심 된다는 의사의 소견에 그는 위 X레이사진을 찍었다.

다음 날 이병철은 결과를 알아보기 위해 병원을 찾았다. 담당 의사는 X레이사진을 보여주며 말했다.

"위궤양입니다. 하루라도 빨리 수술을 받으시는 편이 좋습니다. 증상이 가벼워도 초기에 손을 쓰셔야 합니다."

이병철은 마음이 복잡했다. 의사의 권유대로 그대로 수술을 받을 것인가, 아니면 할 일이 산더미처럼 쌓여 있는 한국으로 돌아가야 할 것인가. 마음을 결정한 이병철이 말했다.

"저는 곧 한국으로 돌아가야 합니다."

"서울에 가시면 가족들과 의논해서 결과를 알려주십시오."

귀국한 이병철은 의사인 사위와 조카에게 게이오 대학병원에서 찍은 X레이사진을 보여주었다.

이병철은 가벼운 말투로 말했다.

"의사의 말로는 가벼운 위궤양이라고 하더군. 수술을 하는 것이 좋다고 하는데 나는 그냥 약으로 치료할까 생각한다."

하지만 X레이사진을 본 사위와 조카는 어두운 표정으로 말했다.

"저희들이 상의하고 나서 말씀드리겠습니다."

이병철은 사위와 조카의 말투가 마음에 걸렸다.

'암이란 말인가. 아직 해야 할 일들이 산더미처럼 많은데….'

며칠 후 사위와 조카는 이병철에게 빨리 수술을 하는 것이 좋겠다고 말했다. 이병철은 가족들을 모두 불러들였다. 그리고 단도직입적으로 물었다.

"더 이상 나를 속일 필요 없다. 사람은 누구나 언젠가 한 번은 죽게 마련이다. 불치병을 죽는다면 어쩔 수 없는 일이다. 태연히 받아들여야하지 않겠느냐. 내 병이 무엇인지 솔직히 말해봐라."

잠시 찬물을 끼얹은 듯 조용했다. 이병철이 가족들을 바라보며 태연하게 말했다.

"숨기려고만 하지 말고 사실을 말해봐라. 이미 마음의 준비를 했다."

잠시 후 가족들이 무겁게 입을 열었다.

"아직 단정할 수는 없지만 암일 가능성이 있습니다."

이병철은 '암'일 수 있다는 말에 그나마 가지고 있던 일말의 희망마저 부서지고 말았다. 그동안 식욕이 없고 속이 더부룩했던 원인이 암이었던 것이다.

'정말 내가 암에 걸리다니…'

가족들 앞에서는 태연한 척했지만 그날 밤 이병철은 새벽녘까지 잠을 이루지 못했다.

당시 일본은 위암 치료에서 세계적인 수준이었다. 며칠 후 이병철은 소화기계 암의 세계적인 권위자인 가지타니 박사가 병원장으로 있는 도쿄에 있는 암연구소 부속병원에 입원했다.

의사인 사위와 조카가 이병철에게 일본에서 수술 받기를 권했다.

"위암은 전 세계에서 일본 사람이 가장 많이 앓고 있는 병인만큼 암 치료 수준도 세계에서 가장 뛰어납니다."

이병철은 일본으로 출국하기 전날에 가족들을 용인에 있는 자신의 별장으로 불렀다. 그 자리에는 박두을 여사, 장남 이맹희 부부, 딸들이 참석했다. 하지만 그 자리에는 이건희는 보이지 않았다. 그 시간에 셋째 이건희는 아버지가 수술을 받을 수 있도록 일본 현지에서 사전준비를 하고 있었다.

위암 수술을 앞두고 있던 터라 별장의 분위기는 매우 어두웠다. 이병철은 가족들 앞에서 혹시 수술이 잘못되는 것을 염려해 유언을 할 생각이었다.

"앞으로 삼성은 건희가 이끌어가도록 하겠다."

갑작스런 이병철의 폭탄선언이었다. 이때 장남 이맹희와 차남 이창희는 큰 충격을 받았다. 특히 이맹희는 자신이 아버지의 뒤를 이을 것으로 생각하고 있었기 때문이다.

유언을 남긴 이병철은 다음 날 수술을 위해 일본 도쿄로 출국했다. 어느덧 수술날짜가 다가왔고 이병철은 수술복으로 갈아입고 수술대에 올랐다. 이병철이 마취에서 깨어났을 때 백발이 성성한 가지타니 박사가 말했다.

"다행히 위암 초기라 수술이 성공적으로 끝났습니다. 물론 다른 장기로 전이되지 않았고 담배만 끊으시면 앞으로 20년은 건강하게 더 사실 수 있습니다."

이병철은 가지타니 박사의 충고를 받아들 40년 간 피워온 담배를 끊었다. 수술 후 회진하러 온 가지타니 박사는 이렇게 말했다.

"일반적으로 암이라는 사실을 환자 본인에게 알리지 않습니다. 본인이 암에 걸렸다는 사실을 알고 수술을 받는 사람은 백 명 가운데 다섯 명도 안 됩니다. 회장님은 그 다섯 명 가운데 한 명인 셈이었는데 참으로 평온하게 수술에 오르시더군요. 삶과 죽음에 대해 확고한 생각을 가진 분이라는 생각이 들었습니다."

이병철은 가지타니 박사의 말에 꼭 그렇지는 않다고 말했다. 훗날 그는 그때의 일을 회상하며 "10년 만 더 살았으면 좋겠다는 생각을 했다."고 고백한 적이 있다. 그에게 있어 위암 수술의 경험은 생에 대한 뜨거운 열정으로 승화되었다. 그는 한번 뿐인 인생을 최선을 다하는 자세로 후회 없이 살다가겠다고 마음먹었다.

이병철은 1984년 10월 19일 용인자연농원에서 "모든 사람들은 공부하고 발전하는 것이 인간으로서 당연한 길이다. 그런데 이런 자기발전을 하지 않고 게으름을 피우는 것은 스스로 자신과 남까지 파멸시키는 인간 이하의 행위이다."라고 말한 바 있다. 이 말에서 하루하루 분투하듯이 살아가는 열정적인 그의 모습을 엿볼 수 있다.

이 병 철 처 럼

확고한 꿈은 땅속 깊이 뿌리를 내린 나무와 같다

시각장애인으로서 처음으로 에베레스트를 정복한 주인공 에릭 웨이언메이어라는 사람이 있다. 그는 13살 때 망막박리증이라는 유전병으로 시력을 완전히 잃었다. 하지만 그는 코네티컷주 레슬링 고교대표에 발탁된 데 이어 장거리 사이클, 마라톤, 스카이다이빙, 스킨스쿠버에서 뛰어난 기량을 발휘했다.

에릭은 16살 때 등반가의 길을 걷기 시작해 이후 세계 7대 대륙의 최고봉을 오르는 목표를 세우고 맥킨리와 킬리만자로, 아르헨티나의 아콩카과의 정상을 밟았다. 마침내 2001년 세계 최고봉 에베레스트 등반에 성공했다.

물론 그 과정은 생각처럼 쉽지 않았다. 고통의 연속이었다. 특히 시각 장애인에 대한 고정관념 때문에 더욱 힘들었다. 에베레스트 등반을 꿈꾸는 그에게 사람들은 회의적인 반응이었다.

그러나 그는 장애와 편견을 딛고 한 걸음 한 걸음 정상을 향해 나아갔다. 숱하게 목숨을 잃을 위험에 처했던 적도 많았다. 하지만 그럴수록 더욱 에베레스트 정상을 정복하고야 말겠다는 의욕에 불탔다.

에릭 웨이언메이어는 에베레스트를 정복한 뒤 소감을 묻는 기자들에게 이렇게 말했다.

"기적은 결코 일어나지 않습니다. 단지 노력만이 존재 합니다. 비장애인들은 시각을 이용하지만 저는 그저 손을 이용했을 뿐입니다."

확고한 꿈은 땅속 깊이 뿌리를 내린 나무와 같다. 아무리 강한 바람이 불어도 쓰러지지 않는다. 오히려 강한 바람이 나무를 더욱 굳세게 만들어준다. 그렇듯이 어떤 시련도 꿈을 이루기 위해 행동하는 사람을 방해하지 못한다. 시련이 닥치면 닥칠수록 꿈을 향한 열망이 더욱 커지게 된다.

소설가 신경숙은 이렇게 말했다.

"지금 내가 할 수 있는 일은 함부로 살지 않는 일. 그래 함부로 살지 말자. 할 수 있는데 안 하지는 말자. 이것이 내가 삶에게 보일 수 있는 최고의 적극성이다."

그렇다. 적극적인 자세로 살아야 한다. 물론 때로 살다보면 죽음의 문턱과 같은 절망에 빠질 때가 있다. 그렇더라도 내일에 대한 희망, 꿈을 향한 희망을 저버려선 안 된다. 아무리 절망적인 상황에 놓였다고 목숨이 위태롭지는 않다.

정말 죽을 만큼 힘든 상황에 처했다면 다음의 말을 기억하라.

"죽지 않고 살아있다면 얼마든지 상황을 역전시킬 수 있고 재기할 수 있다."

크게 보고 멀리 보라

이병철은 1938년 삼성상회를 시작으로 해방과 한국전쟁, 산업화의 과정을 지나며 어떤 시련과 역경에도 굴하지 않는 기업가 정신을 보여주었다. 1987년 폐암으로 세상을 떠나기까지 그 누구보다도 치열한 삶을 살았다.

  이병철의 열정은 나이가 들어도 식을 줄 몰랐다. 제일제당과 제일모직의 성공에 이어 정부에 귀속된 한국비료 공장 건설, 그리고 우수한 외국제품을 하나하나 뜯어보며 독자적인 기술을 연구한 끝에 국내 최초로 컬러텔레비전을 개발하기도 했다.

  컬러텔레비전을 개발하는데 성공했지만 그의 도전정신은 끝이 없었다. 이병철은 또 다른 미래를 창조하기 위해 1979년 초, 셋째 아들 이건희를 부회장으로 승진시켜 자신을 보필하게 했다.

  이병철은 그동안 공사가 중단되어 있던 호텔신라 공사를 빠르게 추진했다. 그리고 마침내 1979년 3월 8일 호텔신라는 우아한 자태를 선보일 수 있었다. 33층의 호텔신라는 700여 개의 객실과 동양, 서양, 한국식으로 꾸며진 식당을 비롯해 6개 나라의 언어를 동시에 통역할 수 있을 뿐 아니라 1000명이 넘는 사람을 수용할 수 있는 국제회의실 등을 갖추고 있었다.

같은 해 4월 이병철은 미국의 뱁슨대학에서 최고경영자상을 수상했다. 뱁슨대학은 하버드대학교 비즈니스 스쿨과 격을 같이 하는 경영학의 명문이었다. 소렌슨 총장은 수여식에서 이렇게 말했다.

"이병철 회장이 새로운 사업을 일으킨 것은 항상 그 사업의 시장성이 가장 낮은 수준에 있을 때였고 극히 곤란한 환경에 처해 있을 때였다. 그가 끊임없는 개척정신으로 이루어낸 여러 사업의 업적은 사회에 대한 봉사, 바로 그것이었다."

이병철이 뱁슨대학에서 받은 최고경영자상은 동양인으로는 두 번째로 수상하는 것이었다. 탁월한 경영으로 세계 경제 발전에 기여한 인물에게 주는 상인만큼 그에게는 더할나위 없이 영광스러운 상이었다. 하지만 이병철은 개인적인 사정으로 시상식에는 직접 참석하지 못했다. 대신 이건희가 상을 수상했다.

이병철은 전자산업을 시작할 때부터 반도체에 많은 관심을 가지고 있었다. 그래서 그는 1977년 이건희의 한국반도체를 인수하기도 했다. 전자산업을 성공시킨 후 반도체사업에 뛰어들 생각을 가지고 있었던 것이다.

그로부터 2년 후 1979년 10월 26일, 한국은 큰 충격에 빠지는 사건이 일어났다. 갑작스럽게 박정희 대통령이 중앙정보부 부장 김재규의 총에 맞아 숨진 것이다. 이 사건으로 인해 1980년 임시로 대통령직을 수행하고 있는 최규하가 물러나고 전두환이 제11대 대통령이 되었다. 어수선한 정국과 때마침 불어 닥친 제2차 오일쇼크로 한국 경제는 급속히 추락했다.

그 즈음 이병철은 일본으로 건너가 유명한 경제 전문가인 이나바 박사를 만났다. 이나바 박사는 이병철에게 다음과 같이 말했다.

"일본이 세계전자제품 시장을 장악하고 있는 이유는 가볍고, 얇고, 작고, 작은 특성에 있습니다. 그 원천은 바로 반도체라고 할 수 있습니다."

이병철이 물었다.

"앞으로 일본 산업이 갈 길은 무엇입니까?"

이나바 박사가 대답했다.

"아까도 말했다시피 반도체입니다. 일본은 현재 반도체 분야에 온 힘을 기울이고 있는 실정입니다. 앞으로 일본이 세계전자제품 시장을 제패할 수 있는 분야는 반도체와 같은 첨단산업이라고 할 수 있습니다."

'반도체라…'

이병철은 이나바 박사의 말을 들은 후 비로소 반도체 사업에 관심을 가지기 시작했다. 관심을 가질수록 반도체의 매력은 그 어떤 산업분야와도 비교가 되지 않았다. 하지만 반도체 사업은 매력이 클수록 위험성 또한 높았다. 공장을 짓는 일과는 비교조차 할 수 없는 큰 자본이 드는 분야였기 때문이다.

이병철은 72세 때인 1982년 미국 보스턴대학에서 명예경영학 박사 학위를 받기 위해 비행기에 올랐다. 150년의 역사와 전통을 자랑하는 보스턴대학은 3년 전부터 이병철에게 학위를 주겠다고 제의해왔다. 하지만 그는 계속해서 거절했었다.

그러자 보스턴대학측은 거듭 요청했다.

"국토가 좁고 자원마저 부족한 한국에서 수십 개의 기업을 일으켜 한국의 놀라운 경제 성장을 이끈 성과는 그 어떤 말로 칭찬해도 충분하지 않습니다. 본 대학의 모든 교수가 엄정하고 공정한 과정을 거쳐 뽑은 세계 여러 나라의 수상 후보자 중에서 귀하가 가장 적임자라고 결정했기에 요청을 받아들이기 바랍니다."

이병철은 미국과 수교를 맺은 지 100주년 되는 특별한 해인만큼 더 이상 거절할 수 없어 대학 측의 제의를 받아들였다.

보스턴대학은 명예학위 수여식이 열린 4월 2일을 '이병철의 날'로 정했다. 이병철이 보스턴 대학으로부터 학위를 수여받자 미국의 유력지 중 하나인 『워싱턴포스트』지 등 현지 언론들은 하나같이 '한국의 록펠러 미국을 방문하다'라는 제목으로 대서특필했다. 하지만 이병철은 온전히 기쁨을 누릴 여유도 없이 시티은행의 월터 리스톤 회장, 아메리카은행의 사무엘 아마스코트 총재를 비롯해 제네럴 일렉

트릭스사(GE), 인터내셔널 하베스터 등 미국 첨단기업을 돌아보고 경영자들을 직접 만나 이야기를 들었다.

그리고 당시 세계최고 컴퓨터 회사인 IBM을 방문해 완전 자동화된 반도체공장을 둘러보았다. IBM이 반도체를 생산하는 것을 보고 이병철은 본격적으로 반도체 사업에 뛰어들기로 결심했다.

'앞으로 반도체 사업에서 밀리면 미국과 일본에 귀속될 수밖에 없어. 자원이 없어도 기술만 있으면 충분히 성공할 수 있는 분야가 바로 반도체야. 그래, 10년 후에는 반도체가 대세일거야.'

귀국하는 비행기 안에서 이병철은 반도체 사업에 대해 깊이 생각했다. 그의 나이 벌써 일흔을 넘어서고 있었다. 자신에게 허락된 시간은 얼마 되지 않는다는 것을 알았다. 이병철은 이제 보다 편안하고 여유로운 시간을 보낼 수도 있었다.

하지만 그는 젊은 시절부터 지금껏 그래왔듯이 편안하게 여생을 보내기보다 남은 시간을 새로운 사업, 가슴 뛰는 일을 하며 보내고 싶었다. 그것이 그가 생각하고 느끼는 진정한 행복이었기 때문이다.

도전하고, 또 도전하라

미국 여행을 마치고 돌아온 이병철은 그 해 10월 회사 내에 반도체/컴퓨터사업팀을 조직했다. 그리고 반도체/컴퓨터팀원들에게 다음과 같이 지시했다.

"지금까지 개발된 반도체와 컴퓨터 제품의 성능과 원가, 가격, 시장의 움직임 등을 조사해서 반도체와 컴퓨터사업의 단기간, 장기간 사업 계획을 세워라."

이병철은 매일 팀원들이 올리는 사업 계획서를 면밀히 검토했다. 하지만 해외에선 '삼성의 반도체 진출은 반드시 실패할 것'이라고 혹평했고, 국내도 격려보단 우려가 더 많았다. 삼성 내에서도 반도체 사업 진출에 반대하는 목소리가 높았다.

"회장님, 반도체 사업은 실패할 확률이 높은 사업입니다. 자칫 실패라도 하게 된다면 삼성이 받을 타격은 이루 말할 수 없이 큽니다.

반도체가 아니어도 21세기를 개척할 사업은 얼마든지 있습니다. 다시 한 번 더 신중하게 생각하셔야 합니다."

"반도체 사업은 정말 불가능한 사업입니다. 몇 년 전 어느 기업에서도 반도체 사업을 검토하다가 포기한 적이 있을 정도로 위험성도 크고 자본도 많이 드는 분야입니다."

"이 회장님, 아직 우리나라의 자본과 기술로 반도체 사업에 뛰어들기에는 역부족입니다. 반도체 사업은 실패가 불 보듯 뻔히 보이는 분야입니다."

이병철은 임직원들의 반대 목소리를 겸허히 받아들였다. 그들이 하나같이 거세게 반대하는 것에는 그만한 이유가 있어서라고 생각했다. 반도체 사업은 도박과 같은데 어느 누가 위험한 도박을 하려는 경영자를 못 본 척하겠는가.

그러나 이병철은 반도체 사업에 진출하겠다는 자신의 신념을 굽히지 않았다. 그는 임원들에게 자신의 생각을 말했다.

"자네들의 말에도 일리가 있어. 하지만 위험성이 크다고 해서 포기한다면 머지않아 반도체와 컴퓨터 사업은 미국과 일본에 빼앗기고 말 거야. 나는 한국의 10년 후를 생각해서 반드시 해야겠네."

임원들의 반대 역시 쉽게 누그러지지 않았다.

"회장님, 만일 반도체 사업이 잘못되었을 때를 생각해보십시오. 삼성그룹 전체가 위기에 직면할 수도 있습니다."

잠시 침묵이 흐른 후 이병철이 말했다.

"자네들은 과거에 내가 제일제당 공장을 지을 때도, 제일모직을 시작할 때도 지금처럼 불가능하다고 반대했었지. 그리고 비료공장을 설립할 때도 내내 반대만 했어. 하지만 우리는 모두 성공적으로 해냈어. 가치 있는 일에는 그만한 위험이 따르기 마련이야. 그렇다고 포기할 순 없지 않은가."

이병철은 반도체/컴퓨터사업팀원들이 만든 보고서를 들고 일본으로 건너갔다. 산켄전기의 오타니 다이묘 회장을 만났다. 당시 오타니 회장은 반도체라는 번역어를 처음 만들어낸 일본 반도체 연구의 1인자로 꼽혔다. 오타니 회장은 이병철에게 젊은 사람들에게 반도체 사업을 맡겨야 한다고 조언했다. 하지만 그럴 마음이 전혀 없는 이병철은 도쿄에서 수많은 반도체 전문가와 사업가들을 만났다. 그들 역시 대부분 반도체 사업은 실패할 것이라며 반도체 사업의 진출을 반대했다.

해외와 국내 안팎으로 삼성의 반도체 사업 진출을 반대하는 목소리가 거세졌다. 하지만 유일하게 이병철의 반도체 사업 진출에 공감하고 찬성하는 사람이 있었다. 바로 부회장인 이건희였다. 사실 이병철이 반도체에 대해 전혀 지식이 없을 때 한국반도체라는 회사 인수를 강력히 주청했던 주인공이 이건희였다. 그 후 그는 사재를 털어 부도 직전이었던 한국반도체를 인수하여 반도체사업을 독자적으로 착수하게 되었다.

1983년 2월 6일 밤, 오구리호텔에 머물고 있던 이병철은 그동안 만났던 전문가들의 의견을 곰곰이 되새기며 생각을 정리했다.

'기술의 선진화를 통해 나라를 부강하게 하고 잘사는 나라를 후대에 물려주기 위해서는 반드시 반도체사업을 해야 해.'

생각을 거듭하다보니 벌써 날이 희뿌옇게 밝아오고 있었다. 삼성의 반도체 사업 진출로 결단을 내린 이병철은 수화기를 들어 중앙일보 홍진기 회장에게 전화를 걸었다.

"홍 회장, 나 이병철이오."

"네, 회장님. 이 시간에 어쩐 일이십니까?"

이병철은 단호한 어조로 말했다.

"사람들이 아무리 반대해도 삼성은 반도체 사업에 진출할 것이오. 이 사실을 3월 15일자 중앙일보에 발표해 대내외에 공식적으로 알려주시오."

"네, 그렇게 하겠습니다. 회장님!"

이병철은 중앙일보에 삼성이 반도체 사업에 뛰어든다는 것을 천명함으로써 배수진을 쳤던 것이다. 그렇게 해서 삼성은 최첨단 반도체 사업에 진출하게 되었다.

이병철은 삼성전자 임직원들에게 VLSI공장을 6개월 안에 완공하라고 주문했다. 보통 외국에서는 18개월을 걸려 짓는 공장을 6개월 안에 지어라고 한데는 이유가 있었다. 반도체는 제때 시장에 출시하지 않으면 제값을 받지 못하기 때문이다.

1983년 9월 12일, 경기도 기흥의 반도체 공장 제1라인 건설에 착수했다. 이병철은 반도체 공장이 완공이 된 후 6개월 안에 반도체 64K D램을 생산한다는 생각을 가지고 있었다. 쉽게 말해 공장을 짓고 반도체를 생산하는 모든 공정을 일 년 안에 끝낸다는 것이었다.
    이병철은 현장을 찾아 휴일도 명절도 없이 작업하는 직원들을 독려했다. 공장 건설이 진행되는 동안 한 쪽에서는 우수한 인재를 확보하기 위해 온힘을 기울였다. 이병철은 임원들에게 국내에서만 인재를 찾으려하지 말고 외국으로 나가 인재를 확보하라고 지시했다. 당시 반도체 최고의 전문가들은 미국의 여러 대학과 기업에서 근무하고 있었다.
    "여러분, 이제 한국에서도 반도체 시대가 열립니다. 미국이 아닌 조국을 위해 여러분의 능력을 발휘해주십시오."
    그때 훗날 정보통신부 장관의 자리에 오른 진대제는 인텔사에서 근무하다가 삼성으로 스카우트되었다. 진대제가 삼성으로 스카우트된다는 말에 인텔사는 백지수표를 제시하며 그를 잡으려고 했다는 일화도 전해진다.
    삼성반도체 기술진은 반도체 공장이 지어지고 있는 과정에 미국 마이크론테크놀로지사에서 기술을 들여와 세계에서 세 번째로 64K D램을 개발하는데 성공했다. 그리하여 반도체 공장 제1라인은 준공과 동시에 64K D램을 생산할 수 있게 되었다.
    1983년 12월 1일, 삼성전자 강진구 사장은 기자회견을 열었다.

"삼성은 64KD램의 생산과 조립, 검사까지 자체적으로 개발하는 데 성공했습니다. 이로써 미국과 일본에 10년 이상 뒤처져 있던 한국의 기술 수준을 불과 3, 4년 차이로 좁히게 되었습니다."

한국이 반도체 개발에 성공했다는 소식에 미국과 일본을 비롯한 세계는 깜짝 놀랐다. 특히 한국보다 일찍 반도체 시장에 뛰어든 일본은 "한국에서는 1986년까지 제대로 된 반도체 제품을 개발하기가 불가능하다."고 말한 적이 있기에 그 충격은 대단했다. 삼성전자는 일본이 20년에 걸쳐 이룬 일을 단 6개월 만에 해낸 것이다.

64KD램 개발에 이어 1984년 5월 17일, 마침내 삼성반도체 기흥 공장이 완공되었다. 선진국에서도 18개월이 걸리는 반도체 공장을 6개월 만에 건설한 것이다. 공사를 하는 동안 우여곡절도 많았다. 그 가운데 한 가지는 가을에 시작한 공사가 겨울로 접어들면서 시멘트를 부으면 바로 얼어붙는 일이 많았다. 그래서 공사가 더디게 진행되었다. 이에 작업자들은 날씨가 풀릴 때까지 기다렸다가 공사를 하자고 건의했다. 하지만 시멘트가 얼기 전에 온풍기로 말리는 아이디어로 기한 내에 공사를 마칠 수 있었다.

64KD램은 몇 달 후 미국 수출도 이루어졌다. 하지만 오래지 않아 나쁜 소식이 들려오기 시작했다. 미국의 마이크론테크놀로지사가 3달러하던 64KD램 가격을 1달러 80센트로 낮춰서 팔기 시작한 것이다.

"회장님, 국제시장에서 64KD램의 가격이 폭락해 원가에도 못 미치는 가격이 형성되었습니다."

암울한 소식에도 불구하고 이병철은 평정심을 잃지 않았다.

"가격이 폭락한 요인이 무엇인가?"

"우리가 64KD램을 생산한다는 것을 알고 미국이 가격을 대폭 낮췄습니다. 그러자 일본도 덩달아 미국보다 가격을 낮춰 이제 우리는 일본보다 더 가격을 낮춰야하는 상황입니다."

미국과 일본이 한국의 반도체 시장 진입을 방해하고 있었던 것이다.

"이미 각오했던 일이야. 미국과 일본이 한국의 반도체 시장 진입을 쉽게 허용하지 않으리라 예상은 했지 않은가."

하지만 시간이 갈수록 상황은 좋지 않았다. 이병철은 원가에도 못 미치는 가격에 64KD램을 팔라는 지시를 내렸다. 당시 삼성은 무려 1,300억 원의 적자를 냈다. 천문학적인 액수의 적자를 보자 임직원들은 삼성이 무너질지도 모른다는 두려움에 휩싸였다. 하지만 이병철은 전혀 위축되지 않았다. 그는 임직원들에게 의욕을 잃지 말라고 독려했다.

"반도체 종류는 수천 가지 넘을 정도로 그 수가 다양합니다. 우리는 그 가운데 이익이 가장 많이 나는 품목을 찾으면 됩니다. 이윤이 적은 것은 적게 만들고 반대로 많은 것은 많이 만드는 것이 사업입니다. 비록 지금 어려움에 처했어도 계속 기술개발과 공장을 증설해야합니다."

이병철은 온갖 어려움 속에서도 계속 반도체 공장을 지어나갔다. 다양한 종류의 반도체를 개발하여 단시간 내에 반도체시장을 선점할 때 성공할 가능성이 높다고 판단한 것이다.

이병철은 1984년 7월에 제2라인 공사에 들어가 불과 8개월 만인 이듬해 3월에 완공했다. 그 사이에 256KD램 개발에 성공하여 곧장 생산에 들어갈 수 있었다. 삼성이 256KD램을 독자 개발하는데 성공했다는 소식이 알려지자 미국과 일본의 반도체 업계는 또 한 번 놀라움을 감추지 못했다. 하지만 그 무렵 미국과 일본은 메가 시대로 진입하고 있어서 격차는 계속 벌어지고 있는 상황이었다.

갈수록 적자가 눈덩이처럼 불어났지만 이병철은 제3라인 공장을 건설할 계획을 가지고 있었다. 참모진들은 이병철에게 수천억 원의 적자가 발생했다며 이대로 가다가는 삼성그룹 전체가 파산할 수 있다는 보고서를 올렸다. 하지만 아랑곳하지 않고 이병철은 제3라인 건설에 착수했다.

'더 나은 제품을 더 저렴하고 남보다 일찍 만들어야 세계시장에서 살아남을 수 있다.'

1985년, 삼성은 제3라인을 완공해 1메가 D램을 생산하기 시작했다. 미국과 일본과 같은 선진국에 비해 늦은 출발이었지만 그렇다고 큰 격차는 없었다. 이병철의 끈질긴 도전정신 덕분에 4메가 D램부터는 선진국들보다 먼저 생산하게 되었다.

삼성이 반도체사업에서 성공하자 아남, LG, 현대 등도 앞 다투어 뛰어들었다. 그리하여 현재 한국은 반도체 강국이 되었다. 특히 삼성은 세계 반도체 시장에서 1위 자리를 굳건하게 지켜오고 있다.

이 병 철 처 럼

된다고 믿으면 반드시 된다

세계에서 가장 높은 에베레스트 산 정상에는 다음과 같은 깃대가 꽂혀있다. '1953년 5월 29일 에드몬드 힐러리.'

에드몬드 힐러리가 가장 험난하고 높은 에베레스트 산을 처음 등반했지만 사실 그도 처음부터 등반에 성공한 것은 아니었다. 1952년 그는 피나는 훈련 끝에 등반을 시작했지만 결국 실패하고 말았다. 그때 영국의 한 단체로부터 에베레스트의 등반에 관한 연설을 부탁받았다.

그는 연단에서 에베레스트 산이 얼마나 오르기 힘든 산 인가에 대해 설명하기 시작했다. 잠시 후 청중 한 사람이 그에게 질문을 던졌다.

"그렇게 힘든 산이라면 두 번 다시는 등반하시지 않을 겁니까?"

그는 주먹을 불끈 쥐고는 지도에 그려져 있는 에베레스트 산을 가리키며 이렇게 말했다.

"그렇지 않습니다. 저는 다시 오를 생각입니다. 첫 번째 등반은 실패로 끝났지만 다음번에는 반드시 성공할 테니까요. 왜냐하면 에베레스트 산은 이미 다 자랐지만 저의 꿈은 지금도 계속 자라고 있기 때문입니다."

여러분의 꿈은 시련보다도 크고 높다. 자신의 꿈을 믿고 계속 도전한다면 반드시 꿈을 이룰 수 있다. 어떤 시련이 따르더라도 "나는 내 꿈의 주인이다."라고 외쳐 보라. '할 수 있다'고, '된다'고 믿으면 반드시 된다. 여러분은 꿈을 이루기 위해 세상에 왔기 때문이다.

이름보다 꿈을 남기고 떠나다

반도체를 향한 이병철의 열정은 뜨거웠다. 그런데 쉬지 않고 몸을 혹사한 탓일까, 그는 며칠째 감기 몸살에 시달리고 있었다. 거동하기조차 힘들어지자 이병철은 병원을 찾아 진찰을 받았다. 진찰 결과 폐암이었다.

10년 전 위암 판정을 받고 건강을 되찾아 열정적으로 사업에 임하던 그였다. 하지만 이번에는 쉽게 암을 극복할 수 없으리라는 직감이 들었다. 일 년 이상 고통스러운 화학 치료와 방사선 치료가 반복되었다. 참을 수 없이 힘든 시간이었다. 반복되는 치료에 그의 기력은 급속도로 떨어졌지만 가족들에게 힘든 내색은 하지 않았다. 누구보다 가족을 아끼고 사랑하는 그였기 때문이다.

이병철은 쉽게 암을 극복할 수 없다는 것을 알고 있었다. 하지만 그럼에도 반드시 일어서겠다는 희망을 버리지 않았다. 그는 힘든 몸에도 불구하고 1987년 10월 17일에 열린 안국빌딩 준공식에 참석했다. 지상에서의 마지막 공식적인 행사 참석이었다.

이어 며칠 후 가을비가 부슬부슬 내리던 날에 안양골프장을 찾았다. 이강선 프로가 그를 맞았다. 이병철은 마치 꺼져가는 불길처럼 골프장의 잔디를 바라보았다. 어느새 가을비도 그쳤고 어둠이 밀려왔다.

이병철은 직접 골프를 치기에는 몸 상태가 좋지 않았다. 몸에서 고통이 엄습했고 현기증이 일었지만 이병철은 골프 카트를 타고 1번 홀로 향했다.

"회장님, 한번 쳐보시겠습니까?"

이강선 프로가 그에게 권했다.

그러자 이병철은 미소를 띠며 1번 홀 티그라운드 앞에 섰다. 힘차게 스윙을 했지만 맞지 않았다. 이미 기력이 쇠진해있었다. 하지만 오늘이 그라운드에서의 마지막 날일지 모른다는 생각에 이강선 프로에게 카트를 운전해달라고 부탁했다. 그리고 다음 지점으로 이동하며 골프를 쳤다. 이윽고 3번 홀에 이르자 주위는 많이 깜깜해져 있었다.

이강선이 물었다.

"회장님, 그만 들어가시겠습니까?"

이병철은 대답 대신 고개를 끄덕였다. 하지만 못내 아쉬웠는지 이강선에게 4번 홀을 마친 후 5, 6번 홀을 건너뛰어 8번 홀로 옮겨가고 싶다고 말했다. 이강선은 선뜻 이병철의 뜻에 따랐다. 골프를 치며 사업을 구상하고 각오를 다졌던 이병철의 마음을 잘 알고 있었던 것이다.

그러나 이병철이 4번 홀에 섰을 때는 어두워 공이 보이지 않았다. 더 이상 플레이를 할 수 없게 되자 이를 지켜보던 가족들은 골프장 카트와 오토바이, 승용차 헤드라이트를 필드 쪽으로 비추어 주었다. 그렇게 해서 이병철은 8번 홀을 지나 9번 홀까지 마칠 수 있었다. 더 이상 기력이 따라주지 않아 10번 홀은 천천히 둘러보는 것으로 마쳤다.

마지막으로 필드의 곳곳을 바라보는 이병철의 마음은 세상 누구보다 외로웠다.

'내가 다시 이곳을 찾을 수 있을까? 다시 골프채를 잡을 수 있을까?

아직도 못다 이룬 자신의 꿈을 두고 세상을 떠나야 하는 자신의 처지가 억울하게 여겨졌던 것일까. 이병철은 잠시 두 눈을 감았다.

이병철은 마지막으로 카트를 타고 10번 홀 그린을 둘러보았다. 그리고 잠시 후 이생에서의 아쉬운 마음을 정리했다는 듯이 골프장을 떠났다. 그날은 그에게 있어 마지막 골프였다.

10월 23일 오전, 이병철은 고려병원으로 향했다. 주치의는 곧장 이병철을 CT 촬영실로 안내하였다. 검사 후 주치의는 그에게 친절하게 긍정적으로 검사 결과를 알려주있다. 하지만 이병철은 가족들의 표정이 딱딱하게 굳은 것을 보고는 더 이상 묻는 것을 포기했다.

며칠 후 이병철은 서울대학병원에 입원했다. 최고의 의료진들이 최선을 다해 치료했지만 이병철의 병세는 급격히 나빠지기 시작했다. 가족들도 그가 세상과 이별할 때가 왔다는 것을 예감하고 있었다.

시간이 지날수록 이병철의 의식은 흐려졌다. 이병철은 이미 바닥난 기력을 다해 셋째 이건희의 손을 잡았다.

나지막하게 아들의 이름을 불렀다.

"건희야…"

이건희는 봇물처럼 터지려는 울음을 억지로 참았다.

"네, 아버지."

"삼성은 이 나라의 기업이다. 그리고 반도체는 삼성만을 위한 사업이 아니다. 반도체는 우리 모두의 꿈이라는 것을 잊어선 안 된다.

"네, 아버지, 아버지 말씀 명심하겠습니다."

이병철이 숨을 몰아쉬며 말하는 것을 보자 이건희는 마음이 아팠다. 하지만 그를 위해 해줄 수 있는 것은 아무것도 없었다. 입술을 깨물며 울음을 억지로 참는 것 외에는.

이윽고 이병철의 숨이 가빠졌다.

"아버지, 정신 차리세요. 아버지!"

의료진이 산소 호흡기를 갖다 댔지만 이미 흐려지는 의식을 깨울 수는 없었다. 이건희는 이미 숨이 멈춘 아버지의 몸을 끌어안고 울음을 터뜨렸다. 이병철의 숨이 멈추었다는 것을 안 가족들도 울부짖었다. 1987년 11월 19일 오후였다.

그날 오후 6시경 삼성그룹 측은 병원에 입원해 있던 이병철이 끝내 세상을 떠났다고 공식 발표했다. 이 소식에 국내 언론은 물론 세계 언론들도 긴급 뉴스로 내보내기 시작했다. 언론사는 일제히 '한국을 대표하는 기업이 세상을 떠났다'며 애석해했다.

11월 23일 오전 8시 이병철의 장례식이 진행되었다. 이병철의 유해는 장례식장을 떠나 삼성본관에 도착해 고인의 손길이 고스란히 묻어 있는 집무실을 돌아 3천여 명의 삼성 가족들과 고별식을 가졌다. 그리고 그가 반도체에 쏟은 열정이 배어있는 수원 전자단지와 기흥 반도체단지, 삼성종합기술원을 마지막으로 돌아 오후 2시 용인자연농원에 안장되었다.

이병철이 세상을 떠난 후 정부는 그에게 국민훈장 무궁화장을 추서했다. 이병철의 끈질긴 도전정신 덕분에 1993년에는 세계 메모리 반도체 분야에서 1등을 석권했고 현재 한국은 반도체 강국이 되었다. 특히 삼성은 세계 반도체 시장에서 1위 자리를 굳건하게 지켜오고 있다.

이병철은 자신의 소망을 실현하고 세상을 떠났다. 그리고 그는 자신이 이룬 소망 위에 더 큰 꿈을 우리에게 숙제로 남겼다.

PART
02

이건희, 선택과 집중

- 대나무는 마디가 많을수록 단단하다
- 공부하는 독종이 세상의 주인공이 된다
- 내가 나를 믿지 않으면 아무도 나를 믿지 않는다

01

대나무는
마디가 많을수록
단단하다

- 평범했던 어린 시절
- 일본 유학시절, 외로운 황태자
- 대나무는 마디가 많을수록 단단하다
- 첫 직장 동양방송, 시청률 1위로 도약시키다
- 최초의 실패, 인생의 보약이다
- 삼성병을 고치시 못하면 심싱은 밍힌다
- 바꾸지 않으면 죽는다, 신경영 선언
- 잿더미에서 탄생한 애니콜 신화

평범했던 어린 시절

이건희는 1942년 1월 9일, 대구 중구 인교동 61(현 성내3동) 인근 서문시장 근처에서 태어났다. 4층짜리 삼성상회 사무실 바로 옆 가정집에서였다. 그 생가는 기계공구상에게 팔렸고 지금 그 터에는 공구상 건물이 들어서 있다.

방 4개가 딸린 집에서 부모님과 3남 5녀의 형제, 일꾼 등 모두 열다섯 식구가 생활했다. 건희의 어머니는 워낙 식구가 많은 탓에 젖을 떼자마자 어린 이건희를 경남 의령의 시어머니에게로 보냈다. 건희는 갓난아기 때부터 친할머니와 함께 생활한 탓에 친할머니를 어머니라고 부르며 자랐다. 그러다 네 살 무렵이 되었을 때부터 건희는 어머니의 손에서 컸다.

당시 건희는 매우 혼란스러웠다. 그동안 나이 많은 친할머니를 어머니라고 여기고 있있던 자신에게 새로운 젊은 어머니가 생겼기 때문이다. 또한 그때 처음으로 형과 누나도 만났는데 그 모든 것이 거짓말처럼 생소하기만 했다.

건희는 까만 통고무신을 신고 유치원에 다녔다. 간혹 흰 고무신이 생기면 아껴 신으려는 마음에서 아무도 모르게 한 구석에 숨겨 놓곤 했다. 그렇다고 당시 집 형편이 어려웠던 것은 아니었다. 그럭저럭 먹고 살만한 집안이었지만 근검절약하는 가풍이 어린 건희에게도 밴 것이다.

유치원을 다니던 때 건희가 소풍을 가게 되었다. 그 날 어머니는 다른 형제들보다 김 다섯 장과 삶은 계란 한 개를 더 넣어 주셨는데, 알고 보니 건희의 생일이었다. 근검절약이 가풍인 그의 집안에서 어머니가 건희에게 해줄 수 있는 최고의 특별 보너스였던 것이다.

당시 대구에서 사업을 하던 아버지 이병철에게 한 가지 고민이 있었다. 지금처럼 계속 대구에서 청과물, 소맥분 등을 수송하는 삼성상회를 운영할 것인지, 아니면 서울로 상경하여 좀더 크게 사업을 일으킬 것인지 거듭 고민하고 있었다. 그러다 마침내 1947년 5월 서울로 상경해 제대로 된 사업을 시작했다. 종로 2가에서 무역회사인 삼성물산공사를 설립했다.

사업하는 아버지를 따라 서울에서 생활하게 된 건희는 혜회초등학교에 다녔다. 건희가 2학년 되던 해에 한국전쟁이 발발했는데 그 때를 시작으로 무려 다섯 군데의 초등학교를 옮겨 다녀야했다. 부산에서는 두 번이나 전학을 하기도 했다. 잦은 전학 때문에 친구들을 사귈 수가 없었다. 어린 시절 건희는 마음 터놓고 지낼 친구 하나 없었던 탓에 철저한 외로움 속에서 지내야 했다.

부산사범부속초등학교 시절 건희와 함께 4, 5학년을 다녔던 권근술 전 「한겨레신문」 사장은 다음과 같이 회고했다.

"건희가 천장에 매달면 끈을 물고 빙빙 돌아가는 비행기, 레일 위를 달리는 모형 기차 등 당시로서는 구경하기 힘든 장난감을 가져와서 함께 놀던 생각은 나는데, 말이 없고 장난도 잘 치지 않는 아이라 다른 기억은 거의 없다."

이건희는 평소 말이 없었고 혼자서 사색하기를 좋아했다. 특히 건희의 집안은 부유한 편에 속한 덕분에 다른 아이들이 가지고 놀 수 없는 값비싼 장난감들을 가지고 놀았다. 하지만 건희는 장난감을 그저 가지고 놀기만 한 것이 아니라 장난감을 분해 조립해보곤 했다. 만일 당시 또래의 친구들이 건희가 비싼 장난감을 분해하는 것을 보았다면 미쳤다고 생각했을 것이다. 하지만 건희는 그렇게 장난감을 분해 조립하면서 작동 원리 즉 사물의 이치를 깨달아갔다.

어린 시절의 건희가 누렸던 부유한 환경은 또래의 아이들에 비해 자신의 소질과 적성을 깨닫는데 큰 도움이 되었다. 건희가 고가의 장난감을 과감히 뜯어볼 수 있었던 것은 부담 없이 부모님이 자주 장난감을 사주었기 때문이다.

건희는 남들과 어울리기보다 혼자서 무언가 하는 것을 좋아했다. 이처럼 건희가 내성적인 아이로 성장하게 된 데는 아버지 이병철 회장의 영향이 컸을 것이다. 큰형 이맹희는 자신의 회고록 『묻어둔 이야기』에서 아버지의 성격에 대해 다음과 같이 말했다.

"좀처럼 화를 내는 법도 없었고, 큰소리와 욕설은 물론 보고 받을 때도 겉으론 좋다, 싫다는 표현을 하지 않았다. 평생 동안 아버지가 큰소리를 내면서 웃는 모습을 본 사람이 몇이나 될까."

어찌되었건 건희는 내성적인 성격 탓에 혼자 있는 시간이 많았다. 그 덕분에 또래의 아이들보다 정신적으로 성숙해질 수 있었을 뿐 아니라 자기 자신에 대해 잘 알게 되었다.

일본 유학시절, 외로운 황태자

건희는 부산사범부속초등학교 5학년 때 도쿄로 건너갔다. "선진국을 보고 배우라"는 아버지의 지시 때문에 어쩔 수 없이 일본으로 유학을 떠나 3년간 생활하게 된 것이다. 이병철은 한국전쟁으로 공황 상태에 빠져있는 한국보다 선진국인 일본에서 배우는 것이 장차 유리하다고 판단했던 것이다.

건희는 일본으로 가기 전 불안과 두려움에 휩싸였다. 더군다나 내성적인 자신이 낯선 나라에서 말도 통하지 않는 일본 아이들과 공부를 해야 한다는 것에 눈앞이 캄캄했던 것이다. 그나마 위안이 되었던 것은 당시 큰형인 이맹희가 도쿄 대학 농과대에 다니고 있었고, 둘째형 이창희가 일본 유학생 1기로 효성그룹의 조석래 회장과 함께 와세다 대학을 다니고 있었다는 것이다. 건희는 이창희와 일본인 가정부와 함께 살면서 도쿄의 한 초등학교에 다녔다.

건희는 일 년 동안 일본어를 익히느라 고생했다. 내성적인 성격으로 남 앞에 서는 것을 싫어하는 탓에 일본어 공부와 학교 공부를 병행하느라 유학생활은 지옥이었다. 당시 일본인들이 한국을 후진국으로 여기고 있었다. 그래서 후진국에서 온 한국인에 대한 차별이 심했다. 지금 우리나라 사람이 필리핀이나 태국, 캄보디아에서 온 사람들을 은근히 차별하고 왕따 시키는 것과 비슷하다고 생각하면 된다. 이건희는 일본어를 잘할 줄 몰랐기 때문에 수업을 따라갈 수 없었다. 그래서 학교 친구들에게 그는 따돌림 당하기 십상이었다.

그러나 부모님이 한국에 있었기 때문에 학교에서 있었던 일에 대해 털어놓을 사람도 없었다. 함께 살고 있는 둘째형과는 열 살 가까이 차이가 나기 때문에 그는 누구보다 외로웠다.

이건희는 언젠가 한 인터뷰에서 당시 심정을 이렇게 밝혔다.

"태어나면서부터 떨어져 사는 게 버릇이 되어 내성적인 성격을 가지게 되었습니다. 저희 남매들이 부모님과 함께 모인 게 손가락으로 셀 정도였습니다. 중학교 3학년 때 처음으로 온 가족이 모두 모이게 되어 사진관에 연락해 사진을 찍은 적이 있으니까요. 그래서 그런지 지금도 혼자 있거나 떨어져 있는 건 아무렇지도 않습니다.

가장 민감한 나이에 민족 차별, 분노, 외로움, 부모에 대한 그리움, 이 모든 걸 절실히 느꼈습니다. 그래서 지금도 일본에게 뭐든지 지고 싶지 않아요. 상품은 물론이고 레슬링, 탁구 등 뭐든지 일본을 이기면 즐거워요."

초등학교 5학년에 불과한 어린 건희에게 외로움은 강철로 만들어 준 벽과 같았다. 그는 객지에서의 외로움을 달래기 위해 프로야구를 자주 보기도 했다. 그때 야구를 보며 얻은 위안이 훗날 야구에 대한 애정으로 이어지게 된다.

건희는 학교에 가면 친구들로부터 조센징이라는 놀림을 받으며 왕따를 당했다. 그래서 그는 마음 터놓고 지낼 친구를 사귀지 못했다. 당시 누구보다 외로웠던 건희는 이국의 낯선 환경에서 영원처럼 길 것만 같은 시간을 생산적으로 활용했다. 방과 후 극장에서 살다시피 하여 그 무렵 본 영화는 1,200~1,300편에 이를 정도였다.

건희는 캄캄한 극장 안에서는 마음이 더없이 편안했다. 일본인들의 시선에 신경을 쓰지 않아도 되고 그림자처럼 따라다니던 외로움도 느낄 수 없었다. 무엇보다 영화에 푹 빠져 있으면 시간 가는 줄 몰랐다.

대나무는 마디가 많을수록 단단하다

건희는 초등학교를 마치고 일본의 중학교로 진학했다. 건희가 3년간 일본에 머물던 시기에 일본은 프로레슬링의 전성기였다. 당시 한국계 프로레슬러였던 역도산의 인기가 하늘을 찌르고 있었다. 역도산은 미국선수들을 일본으로 초청해 경기를 가지면서 일본에 프로레슬링 붐을 일으킨 인물이다. 이건희는 자신도 모르게 역도산에 흠뻑 매료되었다.

건희는 언젠가 일본에 머물렀던 시절 수차례 역도산을 만났다고 회고한 바 있다. 당시 일본인들은 한국을 전쟁과 가난으로 얼룩진 후진국으로 여기고 있어 민족차별이 심했다. 이때 역도산은 그가 일본에서 보낸 유년 시절의 외로움을 극복할 수 있는 힘이 되어주었다.

건희는 중학교 1학년을 마치고 아버지 이병철을 졸라 서울로 돌아왔다. 귀국해서는 서울사대부중에 편입하게 되었고, 중학교 졸업

후에는 서울사대부고를 다녔다. 고등학교에 입학하자마자 레슬링부에 들어간 이건희는 2학년 말까지 레슬링을 계속했다. 그때 그는 웰터급 선수로 전국대회에 나가 입상을 할 만큼 천부적인 재능을 가지고 있었다.

그런데 어느 날 건희는 레슬링 훈련을 하던 중에 왼쪽 눈썹 부근이 찢어지고 말았다. 그의 상처를 본 가족들이 교장선생님을 찾아가 빼달라고 강요하는 바람에 레슬링부에서 쫓겨나고 말았다. 그때 그는 레슬링을 향한 자신의 마음을 몰라주는 가족에 대한 원망이 컸을 것이다. 레슬링을 하다 보면 눈썹 부근이 찢어지는 것은 흔한 일이기 때문이다.

그는 비록 선수의 꿈은 접었지만 레슬링은 그에게 'IOC위원이 되고 싶다'는 꿈을 가지게 했다. 간절히 원하면 꿈은 반드시 이루어진다는 말이 있다. 당시 건희는 'IOC위원'이라는 꿈의 주인이 자신이길 간절히 바랐다.

당시 자신의 꿈이 이루어질지 어떨지 불분명했지만 확실한 것은 꿈은 주인을 배신하지 않는다는 것을 강하게 믿었다. 그 결과 마침내 이건희의 꿈은 1996년 애틀랜타 올림픽 때 비로소 이루어졌다. 또한 그는 레슬링협회 회장에 선출되어 비인기 종목이었던 레슬링을 1988년 서울올림픽에서 금 2, 은 2, 동 5개라는 메달밭으로 가꿀 수 있었다. 이 모두 꿈에 대한 강한 확신에서 비롯되었다고 할 수 있다.

서울사대부고를 졸업한 이건희는 연세대학에 합격해 등록금도 내고 교과서까지 사놓았다. 그는 감옥 같았던 고등학교를 벗어나 드디어 자유를 만끽할 수 있는 대학생이 된다는 생각에 기쁨으로 설레었다. 그러나 이런 기쁨도 얼마 가지 못했다. 아버지 이병철이 그에게 "선진국을 배우라."고 권유했기 때문이다.

이건희는 다시 유학을 다녀오라는 아버지의 말에 머릿속이 혼란스러웠다. 과거 3년 동안 일본에서 생활하면서 느껴야 했던 지독한 외로움과 고독함을 다시 맛봐야하기 때문이었다.

그러나 이건희는 아버지가 왜 다시 자신을 일본으로 유학을 보내려 하는지 알 수 있을 것 같았다. 당시 일본은 전쟁의 타격으로 경제활동의 커다란 후퇴가 불가피했지만 한국전쟁으로 인해 무너졌던 일본 경제는 부흥의 시기를 맞으며 빠르게 성장하고 있었다. 따라서 선진국 일본을 제대로 배우지 않고서는 어떤 발전도 기대할 수 없기 때문이었다.

고교시절 이건희는 홍사덕 의원에게 소학교 교과서 몇 권을 건네면서 "니, 일본어 배워 놔라. 너 정도면 두어 달만 해도 웬만큼 할 끼다."라고 말했던 적이 있다. 그때 홍사덕 의원이 "그걸 뭐하러 배우노?"하고 뜨악하게 물었다. 그러자 그는 예의 그 심드렁한 표정으로 "일본이 어떻게 변하는지를 살펴봐야 그 속에서 우리가 가야 할 길을 찾게 된다."라고 답했다.

이병철은 아들에게 특별히 상학을 공부할 것을 주문하면서 다음과 같이 물었다.

"건희야, 네 성격엔 기업이 안 맞는 것 같다. 매스컴은 어떠냐?"

이건희는 특유의 무표정한 표정으로 "좋습니다." 라고 대답했다. 이병철이 이건희에게 매스컴에 대해 물어본 것은 두 가지 이유에서였다. 첫째는 유학생활을 하면서 매스컴에도 신경을 쓰라는 뜻이었고, 둘째는 유학을 마치고 돌아올 이건희를 위해 동양방송(TBC)을 설립해놓기 위함이었다.

이건희가 유학해서 공부할 와세다 대학은 1882년 일본의 대정객이었던 오쿠마 시게노무가 세운 대학이다. 한국의 연세대와 고려대처럼 와세다 대학은 일본의 게이오 대학과 더불어 양대 명문 사학으로 유명하다. 게이오 대학은 전통적으로 상대가 강한 반면에, 와세다 대학은 문학부와 정치학부가 강하다.

이건희는 신주쿠에 위치해 있는 와세다 대학 서(西) 캠퍼스의 상학부에서 공부했다. 상학부는 일본에서 가장 오래된 단과대학으로 꼽힌다. 상학부의 졸업생만 지금까지 10만 명에 달하는데, 그들은 현재 일본 경제의 핵심적인 역할을 하고 있다.

아버지 이병철도 이건희가 공부했던 상학부 유학생이었다. 따라서 이병철이 아들을 극구 와세다 대학의 상학부에 유학 보낸 것은 자신처럼 아들 역시 일본 최고의 단과대학에서 학문을 탐구하기를 바랐기 때문일 것이다. 와세다 대학이 역사를 중시하는 전통을 가지고 있었기 때문에 유학하면서 이건희는 일본의 역사에 대하여 매우 해박한 지식을 갖출 수 있었다.

이건희는 원래부터 일본 역사에 대해 남다른 관심을 가지고 있었다. 그런 그에게 와세다 대학 유학은 물 만난 고기와 같았다. 그는 일본 역사가 담겨 있는 45개짜리 비디오테이프를 수십 번씩 보았고 일본 역사를 통해 많은 교훈을 얻었다.

홍하상는 저서 『이건희』에서 이건희의 와세다 대학 유학시절을 다음과 같이 말했다.

"와세다 대학 유학 시절의 특기할 만한 사실은 스포츠와 영화에 대한 관심이다. 그는 또한 와세다 시절 골프부에 가입했다. 이건희는 이미 초등학교 5학년 때 골프를 시작했으므로 생소한 것은 아니었지만, 와세다 대학 골프부에 들어가 골프의 에티켓과 매너를 다시 한 번 자세히 배우는 기회를 가질 수 있었다."

이건희는 "골프를 할 때는 남이 보든 보지 않든 볼을 건드리려는 유혹에 빠지지 말아야 한다."고 말한 바 있다. 그는 자신을 엄격하게 조절해야만 자신이 생각한 대로 공이 움직이는 것처럼 기업 역시 정도 경영을 할 때 국민들에게 신뢰를 얻어 경쟁력을 갖출 수 있다고 생각했다.

이 건 희 처 럼

시련과 역경, 피하기보다 기꺼운 마음으로 맞이하자

평범한 사람들을 스타로 데뷔시켜 온 영국의 노래경연대회 '브리튼스 갓 탤런트'의 예선 무대에 중년의 뱃살에 낡은 양복차림의 한 남자가 경직된 표정으로 섰다. 그때 여성 심사위원 아만다 홀덴이 무슨 노래를 준비했냐고 물었다. 그녀의 질문에 남자는 오페라를 부르겠노라 대답했다. 세 명의 심사위원은 아무 기대도 하지 않는다는 듯 심드렁한 표정을 지었다.

잠시 후 남자는 푸치니의 오페라 '투란도트'에 등장하는 아리아 '공주는 잠 못 이루고'를 부르기 시작했다.

"아무도 잠들면 안 돼요. 당신도 마찬가지입니다, 공주님… 나의 입이 침묵하는 동안 그대는 나의 것이 될 것이오!"

그 순간 심사위원들의 표정이 바뀌었다. 곡의 마지막 하이라이트 부분에서 남자가 안정적인 바이브레이션 창법으로 고음을 내뿜자, 관객들은 자리에서 일제히 기립 박수를 쳤다. 일부 관객의 눈에는 감동의 눈물까지 맺혔다.

남자는 결승전에서 다시 '공주는 잠 못 이루고' 불러 대상을 차지하는 주인공이 되었다. 그가 바로 휴대폰 외판원에서 전 세계 투어를 하는 가수로 도약한 폴 포츠이다.

그는 당시 우승 소감을 다음과 같이 말했다.

"학생시절 못생기고 가난해서 따돌림을 당했어요. 옷을 살 형편이 되지 않아 유니폼을 입고 다녔는데 친구들이 몹시 놀려댔죠. 그때는 정말 내가 아무 쓸모없는 사람 같았어요. 울면서 잠들었을 때도 많았고 자살을 생각한 적도 있었죠. 하지만 지금은 내가 좋아하는 노래를 불러 다른 사람들에게 도움을 줄 수 있게 되었어요. 기적이 일어났고 지금 정말 행복합니다."

폴 포츠는 가난과 외로움 속에서도 자신의 꿈을 잃지 않았다. 그는 항상 살다 보면 언제 무슨 일이 생길지 모른다는 긍정적인 생각으로 살았다. 그리고 언제 생길지 모르는 그 기회를 위해 매일 꾸준히 노래 연습을 했다.

꿈을 이루었거나 성공한 사람들치고 시련과 역경이 없었던 사람은 없었다. 오히려 평범한 사람들보다 더 많은 시련과 역경에 처했다. 그들은 시련과 역경에 맞서 싸우면서 꿈꾸는 인생을 만들 수 있는 내공을 쌓았다.

여러분, 대나무는 마디가 많을수록 단단하다. 그렇듯이 자신에게 주어진 시련과 역경을 피하기보다 기꺼운 마음으로 맞이하자. 내가 원하는 인생을 만들 성공 재료로 생각해보자.

첫 직장 동양방송, 시청률 1위로 도약시키다

와세다 대학 유학을 마친 후 또 다시 유학을 준비했다. 미국 동부에서는 최고 명문 대학으로 꼽히는 조지워싱턴 대학교 경영대학원에서 경제학과 부전공으로 매스컴학을 공부했다. 그는 어떤 일이건 완벽을 기하는 성격인 탓에 미국 유학시절 공부벌레가 되었다. 그렇다고 그가 공부에만 죽기 살기로 매달렸던 것은 아니다. 전자제품을 시서 뜯어보거나 자동차를 분해, 조립하는 등 차의 구조에 대해 연구했다. 다양한 기술서적이나 전문서적을 구해 읽곤 했다.

이건희는 조지워싱턴 대학교에서 MBA과정을 밟는 동안 많은 생각에 잠겼다. 유학 후 자신의 미래에 대해 이렇다 할 청사진이 그려지지 않았기 때문이다. 하지만 한 가지 확실한 것은 귀국 후 아버지 이병철이 그냥 내버려두지 않으리라는 것이다.

이병철은 아들에게 미국 유학을 권하면서 특별히 상학을 공부할 것을 주문하면서 "네 성격엔 기업이 안 맞는 것 같다. 매스컴은 어떠냐?"라고 제안한 적이 있다. 이병철은 그냥 아무 생각 없이 제안한 것이 아니다. 앞에서도 언급했지만 이병철이 이건희에게 매스컴에 대해 물어본 것은 두 가지 이유에서였다. 첫째는 유학생활을 하면서 매스컴에도 신경을 쓰라는 뜻이었고, 둘째는 유학을 마치고 돌아올 이건희를 위해 동양방송(TBC)을 설립해놓기 위해서였다. 이병철은 아들을 유학 보내고 동양방송을 설립하기 위해 분주히 움직이기 시작했다. 아마 이건희도 측근을 통해 자신을 위해 아버지 이병철이 동양방송을 설립한다는 소식을 들었을지 모른다.

이건희는 유학시절 공부 못지않게 독서와 사색에도 많은 시간을 할애했다. 학위나 자격증을 따기 위한 공부도 중요하지만 다양한 지식과 경험이 담겨 있는 독서와 살아가는 이유와 의미를 깨닫게 하는 인생 공부 역시 중요하기 때문이다.

경제학을 전공하며 매스컴학을 부전공하던 이건희는 여름방학을 이용해서 멕시코로 여행을 떠났다. 그런데 여행 중에 비자가 만료되어 멕시코에서 다시 미국으로 입국하지 못했다. 그때 계속 공부를 할 것인가, 아니면 이 기회에 한국으로 돌아갈 것인가 잠시 고민에 빠졌다. 그는 일단 도쿄로 돌아와 앞날을 구상하였다.

그 때 서울에서 연락이 왔다. 갑작스레 맞선을 보라는 것이었다. 그리고 11월, 이건희는 맞선을 보게 된다. 당시 「중앙일보」 홍진기 회장의 장녀인 홍라희와 그녀의 어머니가 하네다 공항에 직접 온 것이다. 당시 홍라희는 덕수초등학교와 경기여중고를 거쳐 서울대학 응용미술학과에 재학 중이던 재원이었다. 두 사람은 분위기 좋은 커피숍에서 차를 마시거나 때마침 개봉한 영화 〈닥터 지바고〉를 함께 보는 등 연애시절을 거쳐 그 이듬해 결혼했다.

결혼 후 이건희는 삼성 비서실에서 견습 사원으로 근무했다. 당시 그가 주로 했던 일은 아침마다 신문에서 삼성과 관련된 기사를 찾아 빨간색 펜으로 밑줄을 치는 일이었다. 바쁜 일정으로 늘 시간에 쫓기는 이병철 회장이 한눈에 읽기 쉽게 하기 위해서였다.

그 외에도 이병철 회장을 곁에서 수행하며 현장 실무를 배웠다. 당시 그는 이병철 회장의 막내아들이 아니라 철저히 공과 사가 구분된 비서실 직원에 다름없었다. 이병철 회장이 손님들과 골프를 칠 때는 뒤에서 프로 골퍼들과 함께 다니거나 여의치 않으면 혼자 몇 걸음 떨어져 따라다닐 때도 있었다.

얼마 후 이건희는 삼성 비서실 견습 사원이라는 딱지를 뗐다. 동양방송에 입사하게 된 것이다. 유학시절 부전공으로 공부했던 매스컴학이었던 데다 아들의 성격에 기업이 맞지 않는다는 것을 알고 있었던 아버지 이병철 회장의 배려 덕분이었다. 당시 이건희의 직책은 동양방송과 「중앙일보」의 이사였다. 그리하여 동양방송의 회장으로 있던 장인 홍진기 회장 아래 경영수업이 시작되었다.

장인 홍진기회장은 경성제대 법학과를 졸업한 뒤 판검사를 거쳐 법무부와 내무부장관을 지낸 법조인이었다. 그는 4.19 혁명 이 후

공직에서 물러난 후 삼성회장이자 훗날 사돈 관계를 맺게 될 이병철의 권유로 1965년 동양방송 사장으로 취임해 「중앙일보」 등 언론계에 몸담게 된다.

이건희가 입사했을 당시 동양방송은 신생 TV방송국에 지나지 않았다. 특히 7번 채널이 생긴지 2년 밖에 되지 않았던 탓에 그는 아침 8시에 출근해 밤 10까지 일에 매달렸다. 그는 첫 직장으로 동양방송에 입사했지만 가슴이 답답했다. TV는 시청률이 생명이자 밥줄인데 동양방송의 시청률이 너무나 저조했기 때문이다. 그는 동양방송의 시청률을 하루 속히 끌어올려야겠다고 다짐했다.

이건희는 수없이 '동양방송이 살기 위해 어떻게 해야 할까?'라는 물음을 던졌다. 그 결과 드라마에서 1등을 해야 한다는 결론을 얻었다. 드라마가 재미있을 때 시청자들은 해당 채널을 고정 시키고 동양방송과 익숙해질 것이기 때문이다.

그렇다면 드라마를 잘 만들기 위해 어떻게 해야 하나, 라는 물음에 봉착했다. 이건희는 주연보다 조연배우의 비중이 크다고 생각했다. 실력 있는 조연배우가 주연배우를 받쳐줘야 연기가 돋보일 뿐 아니라 드라마가 산다는 것이다. 물론 이런 발상은 어린 시절 일본에서 1,200편의 영화를 보았던 이건희만이 할 수 있는 독특한 발상이다.

이건희는 능력 있지만 다른 방송사에서 그 가치를 인정받지 못하는 조연배우들을 확보하기 위해 노력했다. 그때 섭외했던 조연배우들이 현재에도 잘나가는 강부자, 여운계, 이순재, 사미자 등 원로 배우들이다.

이건희는 부하직원들을 시켜 조연배우들의 매달 수입을 조사해보라고 지시를 내렸다. 조연배우들에게 경쟁사보다 더 많은 수입을 보장해줄 수 있어야 동양방송에서 제 역량을 발휘한다고 생각했기 때문이다. 그리고 그는 보수 등 처우 면에서 파격적으로 대우를 했다.

그 결과 조연들은 자신의 모든 역량을 발휘해 연기를 잘해주었다. 그러자 당연히 MBC나 KBS보다 시청률 면에서 현저히 앞서게 되었다. 언론 통폐합되기 직전인 1980년대에는 한 프로그램의 시청률이 80%에 달할 정도였다. 폭발적인 시청률 덕분에 광고 수입이 늘어나 회사의 재정도 탄탄해졌다.

1970년대 초 주간지와 월간지가 대단한 인기를 끌었다. 이에 힘입어 이건희는 주간지 「주간중앙」과 월간지 「여성중앙」의 창간에 주도적인 역할을 한 바 있다. 특히 「여성중앙」은 여성지 부문에서 선두 사리를 차지함으로써 다시 한 번 경영 능력을 인정받는 계기가 되었다.

최초의 실패, 인생의 보약이다

1977년 8월 선친 이병철 회장은 일본 「닛케이 비즈니스」와의 인터뷰에서 3남 이건희가 삼성의 후계자라고 밝혔다. 그리고 1979년 2월 27일, 이건희는 「중앙일보」 이사에서 그룹 부회장으로 승진했다. 그러면서 삼성본관 28층의 이병철 회장 집무실 옆방으로 자리를 옮겨 본격적으로 경영수업을 받기 시작했다.

이건희가 첫 출근하던 날 이병철 회장은 그를 자신의 방으로 호출했다. 그리고 붓을 들어 직접 '경청'이라는 휘호를 써주었다. 즉 남의 말을 듣는 것이 그룹 총수로서 가장 중요하다는 것을 일깨워준 것이다.

당시 이건희는 '해외사업추진위원회' 위원장을 맡고 있었다. 해외사업추진위원회는 해외시장 개척과 관련이 있는 계열사 사장들이 멤버로 구성되었다. 삼성중공업과 삼성물산, 삼성조선, 삼성종합건설 등 6개의 계열사 사장들과 더불어 그룹의 비서실장, 기획조정실장 등이 주축이 되었다.

초기 해외사업추진위원회는 삼성의 국제화를 위해 해외건설이나 플랜트 수출, 선박 수출, 해외합작 등 사업을 관장하고 있었다. 좁은 국내시장보다는 넓은 해외시장을 개척하는 것이 주된 목표였다.

이건희가 맡은 사업 부문은 중화학과 에너지 부문이었다. 사실상 삼성그룹의 부회장이 되어 처음 시작한 공식적인 사업이라고 할 수 있다.

당시 해외사업추진위원회는 영국 런던에 전진기지를 설치하는 등 해외사업을 발 빠르게 추진해나갔다. 그리하여 침체되어 있던 삼성의 중화학공업이 국제시장으로 나갈 수 있는 계기를 마련하기도 했다.

그러나 그 즈음 세계경제는 2차 오일쇼크로 급속도로 얼어붙었다. 1979년 12월 석유수출기구인 OPEC는 원유 가격을 14.5% 인상한다고 발표했다. 뿐만 아니라 이란 역시 국내정치와 경제적 어려움을 이유로 석유생산을 대폭 줄인다고 발표했다. 산유국들이 원유 가격을 급격하게 인상하고 석유생산을 줄이자 배럴당 20달러 선이었던 원유 가격이 두 배인 40달러까지 뛰었다.

1973년에도 이와 비슷한 일이 있었다. 10월 16일, OPEC의 중동 6개국 석유장관들이 쿠웨이트에 모여 역사상 처음으로 석유수출국들의 이름으로 원유 수출가격을 일시에 70% 올리기로 합의했던 것이다. 이른바 1차 오일쇼크였다. 1차 오일쇼크 때 한국이 입은 타격은 상상할 수 없을만큼 엄청났다. 그런데 또 다시 2차 오일쇼크가 터지자 정부와 기업은 비상이 걸렸다. 원유 가격이 큰 폭으로 상승하자 모든 공산품 가격을 올릴 수밖에 없게 되었다. 하지만 가격이 오르게 되면 국내 소비자는 물론 국제 시장에서 경쟁력을 확보할 수 없다. 2차 오일쇼크로 인해 정부와 기업은 죽느냐, 사느냐 절체절명의 순간이었다.

시간이 지날수록 기업들은 고통의 비명을 질렀다.

"기름 값이 갑자기 오르면 우리는 어떻게 하라는 거야?"

"이젠 망했어. 기름 값이 오르면 우리 제품 가격도 올려야하는데 어떤 소비자가 비싼 제품을 사겠어?"

기업 뿐 아니라 국민들도 "못 살겠다!"고 아우성이었다. 사실 며칠 사이로 물건 값이 큰 폭으로 오르니 그럴 만도 했다.

2차 오일쇼크로 인해 개발도상국의 물가가 32%나 뛰었다. 한창 성장의 기지개를 켜고 있던 한국도 그 여파에서 벗어나지 못했다. 1980년대 경제성장률이 마이너스로 돌아선 것이다.

정부는 1970년대부터 아파트를 본격적으로 짓기 시작한 이유도 오일 쇼크를 우려했기 때문이었다. 아파트는 단독주택에 비해 에너지가 현저하게 절감되기 때문이다.

당시 이병철 회장을 비롯해 이건희, 그리고 해외사업추진위원회는 고민에 휩싸였다. 해외사업추진위원회의 주된 목표는 해외시장을 개척하는 것이었다. 하지만 오일쇼크로 세계 경제가 얼어붙은 상황에서 처음에 정한 목표만을 고수할 수는 없었기 때문이다. 무엇보다 당시 원유 확보는 국가 뿐 아니라 기업 차원에서도 생사가 달려 있는 매우 중요한 일이었다.

"지금 가장 시급한 것은 무엇보다 원유입니다. 원유 확보가 안 되면 공장을 가동할 수 없게 되고, 기름 값이 비싸지면 가격 경쟁에서 질 수밖에 없습니다. 만사를 제쳐 놓고서라도 원유 확보에 총력을 기울여야 합니다."

해외사업추진위원회는 원유 확보 전쟁에 뛰어들었다. 당시 한국 뿐 아니라 많은 나라들이 자국에 안정적인 원유를 공급하기 위해 필사적으로 산유국들과 접촉하고 있었다. 과거만큼이나 현재도 원유를 확보하기 위해 국가와 기업들은 총성 없는 전쟁을 벌이고 있다.

이건희는 원유 확보 전쟁에서 이기고 싶었다. 무엇보다 삼성그룹의 부회장에 승진하고서 시작한 첫 공식 업무인 이 일에서 자신의 능력을 아버지인 이병철 회장을 비롯해 임직원들에게 펼쳐 보이고 싶었다.

'반드시 원유 확보 전쟁에서 이기고 말 테다!'

원유 확보 전쟁이 치열한 만큼 중화학과 에너지 부문의 전문가들을 영입했다. 세계은행에서 근무하던 국제금융 전문가 박윤식 박사를 영입해 초대 기획조정실장에 내정했다. 그리고 보스턴 대학의 장유상 교수는 경영관리 부문에, 한국과학기술원에서 아용옥 박사를 스카우트해 중화학과 석유부문을 맡겼다. 그 외에도 호주에서 대학 교수로 일하던 박웅서 박사를 영입해 회장 고문으로 내정했다.

외부에서 인재들을 두루 영입한 해외사업추진위원회는 본격적으로 원유를 확보하기 위해 분주하게 움직이기 시작했다. 1979년 가을 멕시코에서 '한국, 멕시코 경제협력위원회' 회의가 개최되었다. 당시 멕시코는 원유 생산량이 가장 많은 산유국이었다. 해외사업추진위원회의 위원장이었던 이건희는 즉시 멕시코로 날아가 포르티요 대통령과 면담했다. 이건희는 포르티요 대통령에게 직접 원유 공급에 관한 협조를 부탁했다.

"한국에 멕시코에서 생산하는 원유를 공급해주십시오."

"예, 긍정적으로 고려해보지요."

포르티요 대통령을 만난 후 이건희는 멕시코 국영석유회사인 페멕스의 세라뇨 총재를 한국으로 초청해 지원을 요청했다. 원유 확보에 사활을 건 이건희는 원유를 공급받는데 도움이 되는 사람이 있다면 누구든 만나서 협조를 부탁했다.

일 년 후 이건희가 들인 시간과 노력은 서서히 성과를 발휘하기 시작했다. 멕시코 산 원유가 한국에 공급되기 시작한 것이다. 멕시코 원유 확보에 성공한 이건희는 강한 자신감을 가질 수 있었다. 그는 이어 한국과 가까운 말레이시아로 날아가 열정과 근성으로 다시 원유 협상에 돌입했다. 그 결과 3개월 만에 말레이시아 산 원유 역시 안정적으로 공급받을 수 있게 되었다.

당시 산유국들의 원유를 확보하기 위해 들인 고생과 노력은 이루 말로 표현할 수 없다. 이건희는 철통같은 보안을 유지하기 위해 한글 원음을 로마자로 바꾸었는가하면, 암호방식도 수시로 바꾸면서 직접 현장을 지휘했다.

이건희는 원유의 공급 외에도 또 다른 생각을 가지고 있었다. 바로 에너지 확보를 위해 정유회사를 세우는 것이었다. 그 무렵 우리나라에 원유를 공급해주던 회사는 걸프오일이었다. 걸프오일이 국책기업인 유공에 원유를 공급해주었기 때문에 가능했던 것이다.

하루는 이건희에게 걸프오일이 유공에서 철수한다는 정보가 입수되었다.

'유공이 철수한다면 우리에게 좋은 기회야. 우리가 유공을 인수하는 거야.'

이건희는 유공을 인수하기로 결심했다. 유공을 인수하게 되면 삼성이 얻게 될 이점이 한두 가지가 아니었다. 그래서 멕시코와 말레이시아의 원유 확보에 총력을 기울였던 것도 사실 걸프오일이 유공에서 철수할 때를 대비한 것이었다.

이건희는 유공을 인수하기 위해 온갖 노력을 기울였다. 그래서 그는 삼성이 유공을 인수할 수 있을 것이라고 자신했다.

그러나 1980년 12월, 유공의 새 주인이 결정되자 이건희는 아연실색하고 말았다. 선경그룹이 유공의 새 주인으로 결정되었기 때문이다.

'아니, 어떻게 이럴 수가 있어?'

유공 인수 실패는 이건희의 최초의 실패였다. 이건희는 한동안 실패를 받아들일 수 없었다. 그는 누구보다 마음이 쓰라리고 아팠지만 더 나은 내일을 위한 인생의 보약이라고 생각했다. 오늘의 실패가 내일의 성공 씨앗이 될 것이기 때문이다.

이 건 희 처 럼

성공의 크기가 클수록 실패의 크기도 크다

누구나 많은 실패를 한다. 세상에 호락호락한 일은 없다. 따라서 꿈을 실현시키는데 있어 숱한 실패가 따르게 마련이다. 그런데 사람들 가운데 한두 번 실패한 뒤에 "나는 역시 안 되나봐", "내 팔자에 성공이 무슨!" 하고 지레 포기하는 사람이 있다. 이런 사람은 절대 꿈을 이룰 수도, 성공할 수도 없다. 도전을 포기했기 때문이다.

지금보다 더 나은 내가 되려면 실패를 겪어야 한다. 실패를 거듭할수록 더 성숙해지고 발전해간다. 그래서 큰 성공을 이룬 사람들이 실패를 밥 먹듯이 했다고 말하는 것이다. 이제부터 실패는 더 멋진 인생을 위한 보약이라고 생각하라. 따라서 실패를 많이 경험할수록 여러분의 인생은 더욱 눈부시고 풍요로워질 것이다.

삼성병을 고치지 못하면 삼성은 망한다

이건희는 1987년 12월 회장에 취임했을 때 기쁜 마음보다 착잡한 마음이 앞섰다. 부회장이 된 79년부터 경영일선에 부분적으로 관여해왔지만 당시는 지금처럼 막막하지는 않았다. 선친 이병철 회장이 든든한 울타리가 되어주었기 때문이다.

이건희는 삼성을 세계적인 기업으로 도약시키기 위해 사소한 것까지 일일이 챙기며 분투했다. 하지만 정작 일선에 있는 임직원들은 제대로 따라주지 않았다. 그대로 가다가는 삼성호는 바다 속으로 침몰할 것임을 누구보다 잘 알고 있었다. 이건희는 당시 삼성이 앓고 있는 병을 다음과 같이 진단했다.

"전자는 암에 걸렸고 중공업은 영양실조다. 건설은 영양실조에 당뇨까지, 종합화학은 선천성 기형이요, 물산은 전자와 종합화학을 합한 정도의 병이다."

급기야 그는 회장직에 취임한 이듬에 삼성을 구하기 위해 제2창업을 선언했다. 임직원들에게 '변화와 개혁'을 강조했지만 삼성 내부에는 긴장감이 없었다. 여전히 삼성맨들은 '내가 최고다'라는 착각에 빠져있었다.

이건희는 자신의 저서 『이건희 에세이』에서 그때의 심정을 이렇게 적었다.

"92년 여름부터 겨울까지 나는 불면증에 시달렸다. 이대로 가다가는 사업 한두 개를 잃는 것이 아니라 삼성 전체가 사그라질 것 같은 절박한 심정이었다. 그때는 하루 네 시간 넘게 자본 적이 없다. 불고기를 3인분은 먹어야 직성이 풀리는 대식가인 내가 식욕이 떨어져서 하루 한 끼를 간신히 먹을 정도였다. 그 해에 체중이 10kg 이상 줄었다."

이건희는 사형선고를 앞둔 사형수처럼 절박했다. 어떻게든 삼성을 위기에서 구해야한다는 생각뿐이었다. 구제불능 기업 삼성을 변화시킬 수만 있다면 지푸라기라도 잡고 싶은 심정이었.

이건희는 1993년 신년사에서 "대나무도 매듭이 있어야 잘 자라듯 삼성의 미래를 위해서도 반성과 평가를 통한 새로운 결단이 있어야 한다."라고 밝혔다. 그리고 그 해 2월에 LA에서, 3월에는 도쿄에서 사장단 회의를 주재했다.

그는 사장들과 함께 LA에서 세계 일류 제품과 삼성 제품을 비교 분석했다. 한국이 아닌 로스앤젤레스에서 삼성 제품을 비교한 것은 삼성 제품의 브랜드 수준이 얼마나 미미한가를 눈으로 보여주기 위해서였다. 그렇게라도 사장들에게 '변하지 않으면 죽는다'는 위기의식, 경각심을 심어주고자 했던 것이다.

이건희는 회의에 앞서 사장들과 전자제품 판매장에 들러 삼성 TV가 어떻게 진열되어 있는지 확인했다. 매장에는 미국의 GE, 월풀, 네덜란드의 필립스, 일본의 소니, 도시바 등 세계 일류 제품들이 보기 좋게 진열되어 있었다. 이에 반해 삼성 TV는 먼지를 뒤집어쓴 채 한 구석에 처박혀 있었다.

이건희를 비롯한 사장들은 그 광경을 보고 경악했다. 국내에서 최고라고 자부하던 삼성이 세계시장에서는 천덕꾸러기 신세로 전락해 있었던 것이다.

LA에 위치해 있는 센추리플라자호텔에서 '전자부문수출판 현지비교평가회의'가 나흘 동안 열렸다. 연일 회의 분위기는 가라앉아 있었다. 이건희 회장은 삼성 제품의 현주소를 확인한 뒤로 아직 정신을 못 차리고 있는 사장들에게 배신감마저 느꼈다.

사장단 회의 때 삼성전자 미국 현지법인인 삼성미주전자의 H이사가 마이크를 잡고 전반적인 상황을 보고할 때였다. 그는 1992년 수출 부진의 원인이 다른 계열사에도 있다고 변명했다. 그러자 그동안 가만히 듣고만 있던 이건희 회장이 노발대발하며 "당장 나가시오!" 하고 고함을 쳤다. H이사가 망설이고 있을 때 이건희 회장은 재차 "그 따위 보고는 들을 필요도 없으니 당장 나가시오!" 하고 호통을 쳤다.

이건희는 자신이 분노한 이유를 다음과 같이 말했다.

"전국 체전에서 1등 했다고 자랑하지 마라. 국내 회사에서 이긴 것은 이긴 것도 아니다. 그런 말을 들으면 화가 난다. 세계 수준에 이렇게 많이 뒤진 것은 과거 10년 간 놀았다는 증거다."

화가 난 이건희는 9시간가량 사장들을 질타했다. 그 자리에서 그는 삼성이 앓고 있는 중병의 뿌리부터 뽑겠다고 다짐했다.

이건희는 중병에 걸린 삼성을 보면서 반드시 글로벌기업으로 도약할 수 있다고 확신했을 것이다. 그런 그에게 이 책은 글로벌 기업의 근간이 되는 경영철학과 존경받는 리더의 역할 뿐 아니라 인사조직, 마케팅, 전략, 재무, 회계 등에 대한 아이디어 제공 등 중요한 공부가 되었을 것이다.

이건희는 시련에 직면할수록 더욱 발군의 실력을 발휘하는 사람이다. 1993년 6월 독일 프랑크푸르트에서 열린 임원 간담회에서 그는 "마누라와 자식 빼고 다 바꾸자."는 삼성의 의식개혁을 강조했는데, 그 발언 이후 삼성의 신경영이 시작되었다.

바꾸지 않으면 죽는다. 신경영 선언

1993년 6월 4일, 일본 도쿄 오쿠라 호텔에서 이건희 회장 주재로 삼성전자 기술개발 대책회의가 열렸다. 이 자리에는 삼성의 임원진과 후쿠다 시게오 삼성전자 디자인 고문 등 10여 명의 참석했다. 엄숙한 분위기에서 회의를 마친 후 이건희 회장은 후쿠다 고문을 비롯한 서너 명의 일본측 고문을 따로 불렀다.

이선희가 말했다.

"여러분은 그동안 삼성전자에 대해 보고 느낀 점이 많았으리라 생각합니다. 허심탄회하게 말씀해주세요."

고문들은 잠시 머뭇거리다 입을 열기 시작했다. 시간이 갈수록 삼성전자가 안고 있는 문제점들이 쏟아져 나왔다. 이렇게 시작된 대화는 다음 날 새벽 5시쯤 끝이 났다.

이 자리에서 후쿠다 고문은 이건희에게 삼성전자에 대한 문제점을 담은 「경영과 디자인」이라는 보고서를 전달했다. 후쿠다 보고서에는 후쿠다 시게오 씨가 1989년 삼정전자 부문 디자인 고문으로 스카우트 된 이후부터 자신이 일하는 과정에서 겪었던 삼성 디자인의 문제점을 적나라하게 담은 보고서이다.

밤샘 회의를 마친 이건희는 다음 날 오후 독일 프랑크푸르트 행 비행기에 올랐다. 그는 비행기 안에서 후쿠다 보고서를 몇 번이나 읽었다. 이건희는 후쿠다 보고서에 적혀 있는 후쿠다 시게오의 지적에 공감하면서 현재 삼성병을 반드시 뜯어 고쳐야겠다고 다짐했다.

그날 프랑크푸르트로 가기 위해 하네다 공항을 떠나려는 이건희에게 비디오테이프가 한 개 전달되었다. 삼성비서실 SBC팀(삼성 사내 방송팀)이 제작한 비디오테이프였다. 삼성전자의 세탁기 조립과정이 생생하게 담겨 있는 30분짜리 영상물이었다. 이건희 회장의 분노와 개혁 의지에 기름을 부은 이른바 '세탁기 사건'이다.

세탁기 사건의 내용은 이러했다.

세탁기 생산현장에 납품된 세탁기 뚜껑 여닫이 부분의 플라스틱 부품이 조금 커서 맞지 않는 문제가 발생했다. 하지만 현장 직원은 대수롭지 않다는 듯이 칼로 2밀리미터쯤 깎아낸 다음 조립했다. 주문이 밀리는 상황에서 새로 뚜껑 부분을 설계하고 금형을 다시 제작하기에는 시간이 부족했기에 어쩔 수 없었다는 것이다. 이러한 모습들이 SBC팀이 찍은 비디오테이프에 적나라하게 담겨 있었다. 이 장면이 사내에 방영되었는데 현장 직원들을 비롯한 삼성전자의 경영

진까지 경악을 금치 못했다.

이건희는 곧장 서울의 이학수 비서실 차장에게 전화를 걸었다.

"지금부터 내가 하는 말을 녹음하시오!"

그는 벽력같은 호통을 치며 강한 어조로 지시했다.

"그동안 내가 질 경영을 그렇게도 강조했는데 변한 게 아무것도 없어요. 사장들과 임원들 전부 프랑크푸르트로 집결시켜요. 이제부터 내가 직접 나섭니다."

이학수 차장은 이건희의 지시대로 녹음을 한 내용을 사장단에 들려주었다. 그러자 사장단은 그 자리에서 얼어붙고 말았다. 그동안 이건희가 그처럼 화를 낸 적이 없었기 때문이다.

이건희의 불호령을 받은 윤종용 사장, 비서실 김순택 경영관리팀장, 현명관 삼성물산 건설부문 사장 등 삼성 핵심 경영진 200여 명은 허겁지겁 프랑크푸르트행 비행기에 몸 실었다.

6월 7일 월요일, 프랑크푸르트 켐핀스키 팔켄슈타인 호텔. 회의는 네 차례에 걸쳐 계획되어 있었고, 첫 번째 대상이 사장단이었다. 이건희 회장이 비장한 모습으로 회의장에 모습을 드러냈다. 그러자 참석자들은 하나같이 극도로 긴장했다. 이건희는 사장단을 둘러보며 무겁게 입을 열었다.

"그저께인 5일에 하네다 공항에서 비행기에 오르기 전에 사내방송팀이 비디오테이프를 하나 줍디다. 그걸 여기에 도착해서 틀어보니까 내용이 참 기가 막힙디다. 세탁기를 만드는데 치수가 맞지 않아 조립이 잘 되지 않자 그 자리에서 어설프게 응급조치를 한답시고 부품을 깎아서 억지로 끼워 맞추는 장면이 있습니다. 그래서 내가 여러분들을 불렀습니다. 자, 이게 내가 말하는 질 경영입니까?"

참을 수 없는 분노로 인해 이건희의 입술이 파르르 떨렸다.

이건희는 이어서 말했다.

"우리 삼성의 생존권과 직결되는 문제이므로 불량품을 단 한 개라도 만드는 것은 회사를 좀먹는 암적인 존재이자 경영의 범죄행위입니다. 여러분은 범죄행위를 저지른 것입니다! 공장 가동을 중단하거나 시장 점유율이 떨어지는 한이 있더라도 원인을 근본적으로 규명하고 대책을 수립해서, 올해 안으로 품질을 세계 수준으로 끌어올리시오!"

그 자리에서 이건희는 다음과 같이 양 위주가 아닌 질 위주 경영을 해야 한다고 질타했다.

"삼성 제품의 질은 바로 삼성의 얼굴이다."

"불량 생산은 범죄와 같다."

"양 위주의 경영을 과감히 버리고 질 위주로 가야한다."

"마누라와 자식 빼고는 다 바꿔야 살아남는다."

처음에는 임직원들은 이건희의 말을 곧이곧대로 듣지 않았다. 그저 세탁기 사건으로 인해 화가 난 이건희 회장이 역정을 내는 정도로 여겼다. 하지만 시간이 지나면서 그들은 뼛속 깊이 박혀 있는 고질병인 삼성병을 고치려는 이건희의 의도를 알아차렸다. 그래서 그들은 모두 한 마음 한 뜻이 되어 양 위주가 질 위주의 경영에 적극 동참했다. 그 결과 국내 최고에서 세계 최고 수준으로 질을 끌어올리는 계기가 되었다.

1993년 6월 7일, 독일 프랑크푸르트에서 시작된 해외 간담회는 68일간이나 계속되었다. 신경영 선언으로 삼성이 국내 일등 기업이라고 만족하고 있던 삼성맨들에게 우물 안 개구리라는 것을 일깨워 준 소중한 시간이었다.

그러나 이건희가 비싼 돈을 써가며 임직원들을 해외에 집결시킨 데 대해 많은 사람들은 납득이 가지 않았다. 그래서 이건희를 향한 비난의 화살을 퍼부었다.

"삼성이 돈 많다고 자랑하는 건가?"

"우리나라에서 회의를 해도 될 텐데, 굳이 비싼 돈 써가며 독일까지 가야하나?"

이건희가 임직원들을 프랑크푸르트로 집결시킨 데는 그만한 이유가 있었다. 프랑크푸르트는 삼성에게 매우 중요한 곳이었기 때문이다. 삼성은 1964년에 유럽 지역 최초로 삼성물산의 독일 지점을 개설한 곳이 바로 프랑크푸르트였기 때문이다. 그 후 초기 유럽 시장 개척의 중심 역할을 담당하면서 탄탄한 영업기반을 구축해 구소련과 동구권 지역 진출의 교두보 역할을 해오고 있었다. 그래서 프랑크푸르트는 삼성에게 있어 유럽 중심 본부와 다름없었다.

이건희가 프랑그푸르트를 회의 장소로 선택한 또 다른 이유가 있다. 프랑크푸르트는 독일 라인강 지류에 자리 잡은 인구 60만 도시로 전쟁 후 독일 부흥의 상징인 '라인강 기적'의 진원지이기 때문이다. 그래서 이건희는 삼성 임직원들에게 라인강의 기적의 교훈을 각인시키면서 세기말의 시대적 변화의 흐름을 삼성의 임직원들이 직접 눈으로 확인하여 함께 '삼성의 기적'을 일으키자는 메시지를 전하고자 했던 것이다.

이건희 회장의 리더십은 신경영 선언 후부터 성과를 발휘하기 시작했다. 이건희는 단순히 입으로만 질 경영을 외치지 않았다. 그는 쉴 새 없이 삼성전자 제품의 수준을 세계적인 수준으로 끌어올리기 위해 가시적인 실행조치의 지침을 내렸다. 그때부터 기적을 일으키기 위한 삼성의 진짜 혁명이 시작되었다.

이 건 희 처 럼

하루하루의 습관이 모여 인생이 된다

미국의 첫 흑인 대통령, 오바마는 어린 시절, 꿈과 목표가 없었다. 꿈과 목표가 있어야할 자리에 고민과 방황이 대신했다. 그래서 그는 친구들과 어울려 술을 마시고 담배와 마약을 하게 되었다.

오바마는 자서전에서 이렇게 회상했다.

"마약중독자, 술고래, 그게 바로 나였다. 나는 누구인가? 라는 물음을 지우기 위해 내 기억들을 흐리게 하여 가슴에 영원한 평안함을 찾기 위해 마약에 의존했다."

그는 푸나호우 학교에서 백인친구들과 싸움을 일삼는가 하면 공부를 등한시 했다. LA에 위치한 조그마한 옥시덴탈 대학에 다녔다. 대학생활은 엉망이었다.

그러다 어느 날 오바마는 뉴욕에 있는 컬럼비아 대학에서 편입생을 모집한다는 소식을 들었다. 고민 끝에 그는 2년 간 다니던 옥시덴탈 대학을 떠나기로 마음먹었다. 그는 컬럼비아 대학으로 편입해 뉴욕에서 새로운 삶을 시작했다. 그때 한 친구가 오바마에게 뉴욕에 온 이유를 묻자 그는 "나 자신을 뭔가 쓸모 있는 사람으로 바꾸고 싶어서."라고 대답했다.

오바마는 그동안의 부정적인 사고를 긍정적인 사고로 전환했다. 그러자 놀라운 일이 일어났다. 옥시덴탈 대학에서 가졌던 나쁜 습관을 버리기로 결심한 것이다. 술도 마시지 않고 하루에 약 5킬로미터를 걸었고, 일기와 시를 쓰고 최선을 다해 공부했다. 때로 친구가 술집에 가자고 할 때마다 공부할 것이 있다거나 돈이 없다는 핑계로 거절했다. 그에게는 일 분 일 초가 아까웠기 때문이다.

컬럼비아 대학 시절, 그는 마치 지식에 굶주린 사람 같았다. 독일 철학자 니체와 평화주의자 간디에 관한 책 등 불평등에 관한 책들을 닥치는 대로 읽었다. 밤늦게까지 책을 펼쳐 놓고 공부했는데, 그런 그를 보며 몇몇 친구들은 "공부벌레"라며 놀리곤 했다. 그는 또 자기 분야에서 성공한 사람들이 쓴 책을 수없이 읽었다. 그때부터 가졌던 성공하는 습관은 훗날 미국 대통령으로 이끌어준 성공 씨앗이 되었다.

오바마가 성공할 수 있었던 것은 과거의 나쁜 습관들을 좋은 습관으로 바꾸었기 때문이다. 나쁜 습관은 실패하는 인생으로 이끈다. 힘든 인생을 사는 사람들을 보면 어김없이 나쁜 습관을 가지고 있다. 그러면서도 그들은 실패하는 습관들을 끊지 못한다. 이미 오래 전부터 몸에 배었기 때문이다.

성공하는 인생을 바란다면 성공하는 습관을 가져야 한다. 성공하는 습관은 기회를 낳는 거위와 같다. 과감히 나쁜 습관을 성공하는 습관으로 바꾸어야 한다. 하루하루의 습관이 모여 인생이 된다는 것을 잊지 말자.

잿더미에서 탄생한 애니콜 신화

이건희는 임직원들에게 제품 불량은 암이라며 경각심을 일깨워주었다.

"3만 명이 만든 물건을 6천 명이 고치러 다니는 게 서비스 잘하다고 자랑할 일인가? 세상에 그런 낭비가 어디 있느냐?"

그는 임직원들에게 제품과 경영의 질을 높여야 한다고 주문했다. 제품의 질을 높이기 위해선 공장 가동을 중단시켜도 좋고, 일시적으로 시장점유율이 떨어져도 좋다가 말했다.

삼성은 이건희 회장의 신경영 선언 이후, 품질 개선을 위해 비서실 직할로 소비자문화원을 설립해 사장단 평가 자료로 품질지수를 도입하는 강력한 처방에 나섰다. 하지만 오랫동안 양 위주의 경영을 해온 탓에 쉽게 질 경영으로 바뀌지 않았다.

그 무렵 '휴대폰 사건'이 터졌다. 설 선물로 휴대폰 2,000여 대 가량을 임직원들에게 돌렸는데, 대부분의 사람들이 '통화가 잘 되지 않는다'는 불만을 말하였다. 때마침 삼성의 불량 휴대폰이 팔린다는 보고가 이건희의 귀에 들어갔다. 그는 도저히 믿을 수 없다는 표정이었다.

이건희는 화가 잔뜩 난 표정으로 말했다.

"아니, 아직도 전화기 품질이 그 모양인가. 고객이 두렵지도 않나, 돈 받고 불량품을 팔다니…"

이건희는 특단의 조치가 필요하다고 생각했다. 그는 시중에 유통되고 있는 제품을 모조리 회수해 공장 사람들이 전부 보는 앞에서 태워 없애라고 지시했다. 그리고 삼성전자는 이미 휴대폰을 구입한 사람들에게는 무조건 새 제품으로 교환해주겠다는 내용을 발표했다. 당시 판매된 제품만 해도 십 수 만대에 달했던 만큼 손해도 천문학적인 액수였다.

1995년 3월 9일 오전 10시 삼성전자 구미사업장의 운동장. 흐린 날씨 속에서 2,000여 명의 직원들이 머리에 '품질 확보'라는 머리띠를 두르고 어깨에는 '품질은 자존심'이라는 문구가 박힌 띠를 두르고 사업부별로 줄지어 서 있었다. 임원들은 비장한 표정으로 철제의자에 앉아 있었다. 그리고 굳은 표정의 현장 근로자 10여 명이 해머를 들고 있었다.

운동장 한복판에는 키폰, 무선전화기, 팩시밀리, 휴대폰 등 15만대의 제품들이 산더미처럼 쌓여 있었다. 돈으로 계산하면 무려 500

억 원에 달하는 액수였다. 진행자가 지시를 하자 해머를 들고 있던 근로자들이 제품들을 박살내기 시작했다. 형체를 알아볼 수 없을 만큼 처참히 박살이 난 제품들에 불을 붙여 화형식을 시작했다.

데이터통신사업본부 무선사업부 이사로서 현장에서 화형식을 지켜봤던 이기태 사장은 이렇게 말했다.

"내 혼이 들어간 제품이 불에 타는 것을 보니 말로 표현할 수 없는 감정이 교차하는군요. 그런데 이상하게도 타고 남은 재를 불도저가 밀고 갈 때쯤 갑자기 각오랄까, 결연함이 생깁니다. 그 불길은 과거와의 단절을 상징한 겁니다."

이날 불량 제품의 화형식을 지켜본 임직원들은 하나같이 자신들의 자존심이 부서지고 불타는 듯한 고통을 맛봐야 했다. 하지만 그 고통 속에서 이건희 회장이 주장하는 질 경영을 향한 강력한 의지를 다졌다.

이건희 회장이 불량 휴대폰 뿐 아니라 키폰, 무선전화기 등 다른 제품들까지 모조리 회수해 부수고 불에 태운 데는 이유가 있다. 휴대폰에 대한 이건희의 애정과 신뢰가 남달랐기 때문이다. 손욱 삼성종합기술원장이 삼성전자 전략기획실 소속 전화기 품질대책반을 맡고 있던 시절인 1990년대 초, 휴대폰의 전신인 900메가 무선전화기가 한창 인기를 끌고 있었다. 그때 이건희는 종종 무선 사업부 개발자들을 호출해 개발품에 대해 세세하게 질문하는 등 깊은 관심을 보였다. 애니콜이 출시되기 전 이건희는 개발품을 작동하면서 한손으로 사용하기 쉽게 기판 아래에 있는 '통화(SEND)', '꺼짐(END)' 버튼을 위로 올리면 좋지 않겠느냐고 제안하기도 했다. 그리하여 이런 버튼 배치는 세계 휴대폰의 표본이 되었다.

2000년 여름 휴가 중이던 이기태 사장이 이건희 회장의 호출을 받고 급히 30여 종의 개발품을 가지고 한남동 자택을 찾았다. 이기태 사장의 제품 설명이 끝나자 이건희는 "잡기 편할 정도로 넓지만 휴대가 용이하게 가볍고 얇아야 한다."며 두 개의 기능을 합쳐보라고 지시했다.

휴대폰에는 이건희 회장의 관심과 애정이 고스란히 녹아있다. 이건희는 삼성 최초의 아날로그 휴대폰 개발을 앞두고 그는 "이제는 통신 세상이다."라고 말할 정도로 큰 기대를 걸었다. 그런데 삼성을 먹여 살릴 휴대폰 사업에서 사건이 터진 것이다. 그래서 임직원들에게 강력한 처방을 내릴 필요가 있었던 것이다.

삼성전자 구미사업장의 운동장에서의 화형식 이후 출시한 제품들은 소비자들에게 좋은 반응을 일었다. 잿디미로 변한 500여억 원은 7년 반 만에 3조 원이라는 천문학적인 액수의 이익으로 되돌아왔다.

시간이 흐를수록 이건희 회장의 질 위주 경영은 빛을 발하기 시작했다. 선진국 일류 제품 대비 불량률도 1993년의 3.3배에서 1996년 1.1배로 낮아졌고, 고객 서비스 점수도 1993년의 64점에서 1996년 74.8섬으로 향상되있다.

1998년 1월 3일자 미국의 「비즈니스 위크」지는 신년호에서 이건희 회장을 AT&T의 마이클 암스트롱, 코카콜라의 더글라스 이베스터, 애플컴퓨터의 스티브 잡스 등과 함께 '1998년 세계가 주목하는 62명의 경영인'에 선정하였다.

구미사업장 운동장에서 거행된 불량제품 화형식은 품질혁신 의식을 공유하기 위한 변화의 시발점이었다. 하지만 이건희는 높은 경영성과에 만족하지 않고 세계 최고의 기업으로 거듭나도록 삼성호에 채찍질을 가했다.

02

공부하는 독종이 세상의 주인공이 된다

- 영화를 통해 눈 뜨게 된 입체적 사고
- 미쳐야 미친다, 한 가지에 목숨을 걸어라
- 나는 사람에 대한 공부를 제일 열심히 한다
- 청년 이건희의 선견지명, 한국반도체를 인수하다
- 세계 최고가 아니면 살아남을 수 없다
- 세계 일류기업을 벤치마킹하라
- 인생을 성공으로 이끈 두 분의 스승

영화를 통해 눈 뜨게 된 입체적 사고

일본에서 초등학교를 다니던 시절 이건희는 영화에 푹 빠져 있었다. 그는 일요일과 같은 공휴일에는 오전 9시에 극장에 들어가 늦은 밤까지 샌드위치를 먹으며 영화를 보았다. 수요일 오후 2편, 토요일 오후 2편, 일요일과 같은 공휴일에는 4편 이상의 영화를 보기도 했다.

이건희가 보았던 영화의 종류는 특정되어 있는 것이 아니라 미국 서부극에서 고전, 현대영화 등 볼 수 있는 한 닥치는 대로 보았다. 영화에 푹 빠져 지내는 동안 이건희는 자신만의 영화 감상법을 터득하게 되었다. 영화를 통해 '입체적 사고'라는 것을 개발한 것이다. 입체적 사고란 영화를 감상할 때 주연의 입장에서만 보지 말고 모든 등장인물 각자의 처지에서 보면 영화의 재미가 점점 커져 평면 스크린에 비치는 영화가 입체영화로 보이게 된다는 것이다.

이건희는 언젠가 이렇게 말한 바 있다.

"단순히 영화를 재미로 보지 말고 다양한 입장에 스스로 서 보아라. 주연입장, 좋은 사람, 악당, 조연입장, 조연입장에서 주연입장, 작가입장, 영화가 사회에 미칠 영향, 카메라맨의 앵글처리 등등 다양한 입장에서 보면 그 영화가 새로워진다. 영화하나로도 큰 공부가 된다. 영화가 한사람의 일생을 두 시간으로 축약시킨다고 보면 그 속에서 얼마나 많은 일이 일어나겠는가? 이게 입체적 사고다."

그는 또 『이건희 에세이』에서 이런 말도 했다.

"영화를 감상할 때는 대개 주인공에게 치중해서 보게 된다. 주인공의 처지에 흠뻑 빠지다 보면 자기가 그 사람인 양 착각하기도 하고, 그의 애환에 따라 울고 웃는다. 그런데 스스로를 조연이라 생각하면서 영화를 보면 아주 색다른 느낌을 받는다. 나아가 주연, 조연뿐 아니라 등장인물 각자의 처지에서 보면 영화에 나오는 모든 사람의 인생까지 느끼게 된다. 거기에 감독, 카메라맨의 자리에서까지 두루 생각하면서 보면 또 다른 감동을 맛볼 수 있다. 그저 생각 없이 화면만 보면 움직이는 그림에 불과하지만 이처럼 여러 각도에서 보면 한 편의 소설, 작은 세계를 보게 되는 것이다."

이건희는 감독과 카메라맨의 위치까지 두루 생각하면서 영화를 보는 습관을 가지면 입체적으로 보고 생각하는 사고의 틀이 만들어진다고 말했다. 실제로 그는 회의를 주재하거나 강연할 때, 사업상 협상을 할 때 상대방의 입장과 관점에서 생각하고 예측한다.

어린 시절 일찌감치 이건희는 자기중심으로 보고 자기 가치에 의

존해서 생각하는 습관을 바꾸었다. 조금만 달리 생각하면 모든 것이 다르게 느껴지고 보이기 때문이다. 이때 가지게 된 입체적 사고는 훗날 삼성호를 지휘할 때 소비자의 니즈와 감성을 읽는 강점이 되었다.

당시 이건희에게 영화는 단순히 외로움을 달래주는 것을 초월해 하루하루를 지탱하는 힘이었다. 물론 그렇다고 해서 영화에만 죽창 빠져있었던 것은 아니다. 자신의 곁에서 자신을 위로해주고 용기를 주는 사람이 아무도 없었던 탓에 스스로 자신을 위로하고 용기를 북돋아주는 방법을 터득했다. 그것은 다름 아닌 독서와 사색이었다. 독서를 통해 다양한 저자의 지식이나 간접 경험, 사상 등을 흡수하여 사색을 통해 어떤 일이나 사물에 대해 아주 깊이 생각하곤 했다. 꼬리에 꼬리를 물고 이어진 생각은 사물의 이치나 상황에 대해 왜 그럴 수밖에 없었을까, 하는 물음에 해답을 안겨주었다. 끊임없이 질문을 던지고 답을 찾는 과정 속에서 훗날 이건희는 사물의 본질을 꿰뚫는 능력이 탁월하였다. 특히 업(業)에 대한 이해와 선견지명이 탁월하다는 평을 듣는다.

어린 이건희에게 이국에서 오는 낯섦과 외로움은 책과 영화로 빠지게 했지만 훗날 경영 일선에서 성공 씨앗이 되어주었다. 그러나 외로움은 어린 그에게 어찌해볼 수 없는 장벽이었다.

미쳐야 미친다.
한 가지에 목숨을 걸어라

어려서부터 이건희는 신기한 장난감이나 물건이 생기면 그냥 갖고 놀지만 않았다. 그것을 분해하여 작동원리까지 알아보고 다시 조립하곤 했다. 이런 취미는 훗날 고가의 카메라와 VTR, 심지어 자동차까지 분해 조립할 수 있는 실력을 갖추게 되었다.

　이건희는 어떤 일이건 자신이 좋아하는 일에 푹 빠지는 스타일이다. 그의 그런 강점이 오늘의 이건희는 만들었다고 해도 과언이 아니다. 미국 유학시절, 이건희는 자동차에 푹 빠져 지냈다. 사실 이건희는 일곱 살 무렵, 아버지 이병철 회장이 1948년형 미국산 시보레를 타고 다녔는데, 그때부터 자동차를 좋아하게 되었다.

　그는 짧은 유학 기간 동안 자동차를 무려 여섯 번이나 바꿔 탔다. 그렇다고 그가 대한민국 최고의 재벌집안 막내아들이었던 탓에 사치를 부렸던 것은 아니었다. 단지 자신이 심취해있던 자동차의 구조에 대해 자세히 알고 싶었기 때문이었다.

이건희가 처음 구입한 자동차는 이집트 대사가 타고 다니던 것이었는데, 50마일도 채 타지 않은 새 차나 다름없었다. 마침 아랍 전쟁이 터져 이집트 대사가 본국으로 돌아가면서 급히 매물로 내놓은 차였다. 그는 4,200달러에 그 차를 구입해 넉 달 가량 타고 다니면서 자동차의 구조와 특성 등을 파악했다. 심지어 자동차를 분해하여 깨끗하게 청소한 후 조립하여 600달러나 남기고 되팔았다. 그 후 그는 미국인이 얼마 타지 않은 자동차를 구입해 깨끗하게 손 본 다음 팔았는데 그렇게 해서 번 돈으로 일 년 반 동안 여섯 번이나 차를 바꿀 수 있었던 것이다. 그런 과정에서 그는 자동차에 대해선 자연스레 전문가가 되어있었다.

훗날 이건희는 자동차 사업에 진출하게 된다. 그가 삼성자동차 회사를 세운 것을 두고 세간에서는 "취미 생활을 위해 회사를 차렸다"며 말들이 많았다. 하지만 이건희만큼 자동차의 구조나 원리에 대해 세세하게 연구해온 사람도 드물다. 그래서 전지와 전기기술을 이용해 포드, GM보다 더 나은 자동차를 생산해 세계 자동차 시장에서 승부를 걸어보고 싶었기 때문이다.

잠시 이건희의 중학교 시절로 돌아가 보자.

이건희는 중학교 1학년 때 집에서 페키니스라는 개를 키우기 시작했다. 개는 그에게는 둘도 없는 친구와 다름없었다. 자신이 먹고 있는 아이스크림을 개와 함께 나눠먹기도 하고 한 방에서 뒹굴며 잠을 잘 정도로 애지중지했다. 직접 목욕을 시키고 빗질을 해주는 일은 이건희에게 있어 그 어떤 선물과도 비유할 수 없는 행복이었다.

훗날 이건희는 한남동 집에서 진돗개, 요크셔테리어, 푸들, 치와와 등 200여 마리의 개를 키웠다. 누군가 그에게 유난히 개를 좋아하는 이유를 물었다. 그때 그는 이렇게 말했다.

"거짓말을 안 하고 배신할 줄 모르는 충직함 때문입니다."

중학교 시절부터 시작된 애견 취미는 시간이 지나 진돗개 기르기로 발전했다. 「중앙일보」 이사로 재직하던 시절, 이건희는 직접 진도에 내려가 2박 3일 동안 진돗개 30마리를 마리당 6,000원 가량에 사오기도 했다. 당시 진도에서는 장날에 진돗개를 팔았는데, 대부분은 순종이 아니었다. 상인들이 진돗개와 비슷한 종류의 강아지를 값싸게 사와 비싸게 팔았다.

이건희가 정성스레 기른 덕분에 진도에서 사온 30마리의 진돗개가 번식하여 150마리까지 늘릴 수 있었다. 그리하여 그 가운데 3퍼센트 정도 순종 진돗개를 가려낼 수 있었다. 당시 진돗개는 천연기념물 53호였는데도 불구하고 세계견종협회에는 진돗개의 원산지를 한국으로 정식 등록하지 못하고 있었다. 그래서 그는 1979년 진돗개애호협회까지 발족했다. 그리고 진품종 경연대회를 열어 1등을 한 개 주인에게는 냉장고 한 대를 부상으로 주기까지 하면서 진돗개를 알렸다. 그 결과 일반 사람들도 진돗개에 대해 관심을 갖는 계기가 되었을 뿐 아니라 진돗개 가격도 향상되었다.

이건희는 1979년 일본에서 개최된 세계견종 종합전시회에 자신이 기른 진돗개 암수 한 쌍을 출품했다. 그리하여 진돗개가 세계적으로 인정받는 계기가 되었다. 4년 후인 1983년 마침내 진돗개는 세계견종협회에 정식 등록되는 쾌거를 이루었다.

이건희는 어떤 일이건 한 번 시작했다하면 그 일에 푹 빠졌다. 그래서 그는 그 일에 있어서건 누구보다 전문가가 될 수 있었다. 영화를 볼 때는 영화광이 되었고 자동차에 관심을 가진 후로는 자동차 마니아가 되었다.

삼성이 처음 카메라 사업에 진출했을 때 이건희는 삼성정밀 사장에게 "집에 카메라가 몇 대 있느냐?"고 물었다. 삼성정밀 사장이 카메라가 한 대밖에 없다고 답하자, 이건희는 이렇게 말했다.

"카메라 회사의 사장이면 세계적인 카메라는 다 가지고 있으면서 밤낮으로 연구해야 합니다."

그렇다. 자신의 분야에서 최고가 되기 위해선 독종이 되어야 한다. 그 분야의 전문가가 되기 위해 분투해야한다. 좀 더 잘하기 위한 노력을 쏟아야 한다. 그러할 때 어제보다 더 나은 오늘을, 오늘보다 더 발전된 내일을 기대할 수 있기 때문이다.

이건희처럼

지금 하는 일에 목숨을 걸어라

자신의 분야에서 성공하고자 한다면 한 가지에 목숨을 걸 수 있어야 한다. 이건희처럼 독한 면이 있어야 직업세계에서 살아남을 수 있을 뿐 아니라 자신의 브랜드 경쟁력을 높일 수 있다.

진희정의 저서 『운명을 바꾸는 작은 습관』에 보면 힐튼 호텔의 창립자 콘라드 힐튼에 대해 나온다.

1887년 미국 뉴멕시코 주 산 안토니오에서 8남매 중 장남으로 태어난 콘라드 힐튼(Conrad Nicholson Hilton)은 13세 때부터 사무원, 장사꾼, 증권대리인, 은행원, 군인 등 여러 직업을 전전했다. 아버지의 파산으로 생계가 어려웠기 때문이다. 군대에서 제대했을 때 나이는 31세였다. 다른 일을 하고 싶었지만 수중에 있는 돈은 겨우 50달러뿐이었다.

"아무래도 돈이 흐르는 곳에 있어야 돈을 벌 수 있겠지."

문득 이런 생각이 떠오른 힐튼은 텍사스 주로 향했다. 당시 그는 은행원으로 취직해서 자신만의 은행 체인을 만드는 것이 목표였다. 하지만 돈이 없으니 일단 뭐라도 시작해야 했다. 그래서 모블리 호텔에서 바닥 닦는 청소부 일을 시작했다. 그런데 막상 이 일을 하다 보니 길이 보였다. 마침 호황이었던 석유산업 덕분에 호텔은 연일 붐볐지만 늘 객실이 부족했다.

"식당을 없애고 침대를 더 들여놓으면 손님을 더 많이 받을 수 있지 않을까?"

이런 생각이 들었던 그는 이 호텔을 인수했고 식당을 없앤 뒤 객실을 여러 개 만들었다. 식당의 식탁을 잘라서 신문과 담배를 만드는 가판을 만들었고, 로비에 있던 커다란 화분 대신 기념품 가게를 꾸렸다.

예상대로 호텔의 수익은 크게 늘었고, 그는 본격적으로 호텔사업에 착수했다. 호텔이름은 자신의 성을 따서 '힐튼'으로 지었다. 이렇게 시작한 사업은 10년 만에 텍사스 주 최초로 7개의 체인을 가진 호텔이 되었다.

1946년 그는 현재의 힐튼 호텔회사(Hilton Hotel Corporation)를 설립했으며 1979년 91세의 나이로 세상을 뜨기 직전까지도 HHC 이사회 회장으로 경영에 참여했다. 영국 비즈니스 컨설팅 업체인 BDRC의 2004년 조사에 의하면 전세계에서 가장 영향력 있는 호텔 브랜드가 바로 '힐튼'이었다.

그동안 나는 다양한 분야에서 성공한 사람들을 만났다. 그들을 통해 성공한 사람들은 하나같이 콘라드 힐튼과 같은 강한 신념으로 꿈과 목표를 향해 묵묵하게 나아갔던 사람들이라는 것을 알았다. 쉽게 말해 그들의 성공 비결은 '꿈과 목표+강한 신념'이었던 것이다.

소설 『칼의 노래』와 『남한산성』의 저자 김훈 씨는 2007년 미국 LA 문학 강연회에서 이렇게 말했다.

"대학 2학년 때 난중일기를 읽고 이순신의 절망과 고독을 쓰고 싶었어요. 35년 만에 문득, 갑자기 연필이 잡혔고 두 달 만에 썼죠. 그 사이 이가 8개나 빠져 나갔습니다. 입 안에서 오물거리면 툭 뱉어버리고 글을 썼어요."

정말 독하게 자신의 일에 미쳐야 한다. 푹 빠져들어야 어떤 시련이나 역경도 거뜬히 헤치고 자신의 뜻하는 바를 성취할 수 있다.

나는 사람에 대한 공부를
제일 열심히 한다

이건희는 겉 표정은 말수가 적고 무뚝뚝하다. 하지만 그와 대화를 나눠본 사람들은 하나같이 이내 그가 상대를 편하게 해준다고 말한다. 과묵한 이건희가 상대를 편안하게 해주는 비결은 무엇일까? 바로 어린 시절부터 시작된 사람 공부에서 찾을 수 있다.

고등학교 시절 국회의원 홍사덕은 당시 친구였던 이건희를 다음과 같이 회고하는 내용 중 일부분이다.

언젠가 이병철 회장이 간부 한 사람을 내친 적이 있었다. 당시 고등학생이던 이건희가 아버지에게 이렇게 건의했다.

"아버지, 그 분을 다시 부르셔야 합니다. 훗날 그 분이 많은 도움이 되실 겁니다."

옆에 있던 홍사덕이 건희에게 말했다.

"고등학생인 네가 뭘 안다고 그러니?"

"모르긴 왜 몰라? 나는 사람에 대한 공부를 제일 열심히 하는데."

이건희는 자신의 고집을 꺾지 않고 거듭 아버지에게 그 간부를 다시 부를 것을 건의했다. 처음에 이병철 회장은 아직 어린 고등학생인 건희의 말을 듣지 않았다. 하지만 계속 자신의 의견을 관철시키려는 아들의 말에도 일리가 있다는 생각에 그 간부를 다시 복직시켰다. 그런데 훗날 그 간부는 삼성에 크게 기여하였다.

이건희는 자신의 말대로 사람에 대한 공부를 가장 많이 했다. 과거 그는 피난지 부산에서 새로 전학을 간 학교에서 전학생이었던 그는 아이들의 관심을 끌기 위한 묘안을 짜냈다. 그것은 당시 대부분 아이들의 꿈과도 같았단 기차 장난감을 학교에 가지고 갔다. 그런데 아이들은 기차 장난감에만 관심을 나타낼 뿐 자신에게는 별다른 관심을 보이지 않았다. 그때 건희는 누가 어떤 말을 하는지, 또 누가 기차 장난감에만 푹 빠져있고 자신에게 어느 정도의 관심을 기울이는 아이는 누구인지 관찰했다. 그리고 그는 가장 가까워지고 싶은 아이와 가까이하고 싶지 않은 아이에 대해서도 연구했다. 또 평소 자신을 무시하거나 괴롭히는 아이의 말과 행동을 관찰하며 앙갚음 해줄 방법도 모색했다. 이처럼 어린 시절부터 이건희는 사람에 대한 공부를 게을리 하지 않았다.

그렇다고 이건희가 사람에 대한 관찰만 했던 것은 아니었다. 새로운 지식과 정보를 얻기 위해 책 읽기에도 많은 시간을 할애했다. 당시를 홍사덕은 이렇게 회상했다.

"그는 불과 며칠 사이에 나를 압도했다. 시골 서점에 있는 책을 모조리 섭렵했던 내가, 그래서 꽤나 거들먹거렸던 내가 순식간에 압도당한 것은 그의 독특한 '세상 보기 안목' 때문이었다."

홍사덕의 말을 통해 고등학생 시절 이건희가 지독한 책벌레였음을 짐작해볼 수 있다. 하지만 이건희는 자신이 다른 친구들에 비해 많이 안다고 해서 결코 자만하지 않았다. 오히려 겸손한 자세를 잃지 않았다. 사람 공부를 많이 해온 그는 이렇게 처신하는 것이 친구들과의 관계를 돈독하게 만들어준다는 것을 알고 있었던 것이다.

고등하교 시절 재미있는 에피소드가 하나 있다. 이건희는 홍사덕과 친밀한 사이였다. 하루는 두 사람이 아이스케키를 하나씩 입에 물고 장충동 100번지에 있는 이건희의 집에 간 적이 있었다. 그 집은 으리으리한 대궐 같은 집이었는데 그때 이건희는 자기 집을 소개할 때 자신의 고모집이라고 말했다. 이건희는 대궐 같은 집을 보고 혹시라도 친구가 위축되지 않을까, 하는 배려에서였다.

이건희는 서울사대부고를 졸업하고 1961년에 연세대학교에 입학했다. 하지만 이병철 회장은 "선진국의 문물을 배워야 한다"며 일본 유학을 보냈다. 그렇게 해서 이건희는 아버지가 졸업한 와세다대학에서 경제학을 공부하게 되었다. 그는 유학을 간 일본에서도 경제학 공부만큼이나 아니, 오히려 그보다 더 많이 사람 공부를 했다. 유학 시절에 야쿠자들과 1년가량 지내며 그들을 연구하기도 했다.

"일본에서 대학 다닐 때 골프 치면서 퍼블릭 코스에서 그런 사람들과 어울렸죠. 프로레슬링으로 유명한 역도산과도 자주 만났고요. (…) 여러 계통의 1급들을 보면서 그 사람들이 톱의 자리로 올라가기 위해서 어떻게 노력하는가를 연구했죠. (…) 철저하고, 인간미가 넘쳐흐르고, 그리고 벌줄 때는 사정없이 주고, 상 줄 때는 깜짝 놀랄 정도로 주고…."

이건희는 야쿠자들과 알고 지내면서 그들의 특성을 파악할 수 있었다. 그 결과 야쿠자들은 벌을 줄 때는 피도 눈물도 없이 사정없이 주고, 반대로 격려하거나 상을 내릴 때는 상대가 감탄할 정도로 준다는 것을 알게 되었다. 이때 배운 교훈들은 훗날 삼성을 세계적인 기업으로 변모시키는데 많은 도움이 되었다.

이건희는 일찍이 세상에서 가장 중요한 것은 돈이 아니라 사람이라는 것을 알고 있었다. 세계 최고의 기업에는 어김없이 세계 최고의 인재들이 모여 있고, 부진하는 기업 역시 그 반대의 인재들이 모여 있다. 기업의 승패를 좌우하는 것은 바로 사람이기 때문이다.

이건희의 말을 통해 그가 얼마나 사람 즉 인재를 중요시하는지 알 수 있다.

"영국이 산업혁명은 제일 먼저 시작하고도 미국이나 독일에 뒤처진 이유는 지금 우리 사회처럼 기술자를 '쟁이'로 천시하고 사회적으로 대접해주지 않기 때문이다. 반면 미국은 기업가와 기술자들이 부와 명예를 얻고 선망의 대상이 된 나라다. 이것이 미국을 세계 최강으로 만들어준 한 동기다."

"기업에서 인재를 양성하지 않는 것은 일종의 죄악이며, 양질의 인재를 활용하지 못하고 내보내는 것은 기업경영의 큰 손실이다."

"사장은 삼고초려가 아니라 그 이상의 일을 해서라도 유능한 기술 인력을 데리고 와야 한다."

현재 삼성은 세계적인 기업으로 알려져 있다. 하지만 지금의 삼성이 있을 수 있는 것은 기업의 핵심 동력인 사람을 소중히 생각하는 이건희가 있었기 때문이다.

청년 이건희의 선견지명,
한국반도체를 인수하다

세계는 1973년 갑작스레 닥친 오일 쇼크에 충격을 받은 바 있다. 그때 이건희는 한국은 이렇다 할 자원이 없는 나라인 탓에 부가가치가 높은 하이테크산업으로 진출해야하다는 확신을 가지게 되었다.

'자원이 부족한 우리나라가 선진국들과의 경쟁에서 이기기 위해선 부가가치가 높은 산업에 진출해야해.'

이건희가 반도체 사업을 염두에 있을 때 마침 1974년 국내 유수의 오퍼상인 켐코(KEMCO)가 기술집약적인 웨이퍼 가공 생산을 하기 위해 한국반도체를 설립했다. 한국반도체는 부천에 공장을 두고서 초기 단계의 집적회로를 사용해 숫자로 표시하는 전자 손목시계를 생산하고 있었다. 당시 전자 손목시계는 인기를 끌었는데 박정희 대통령이 청와대를 방문하는 외국인들에게 한국의 기술력을 과시하기 위해 신물하기도 했다. 그러나 얼마 지니지 않아 한국반도체는 파산 위기에 몰리게 되었다.

어느 날 한국반도체가 파산에 직면했다는 소식이 이건희의 귀에 들어갔다.

'그래, 한국반도체를 인수하는 거야. 어쩌면 이것은 둘도 없는 기회일지도 몰라.'

이건희는 곧장 한국반도체를 인수하기 위해 면밀히 조사해보았다. 조사 결과를 보고 난 뒤 당혹감을 감출 수 없었다. 한국반도체는 이름만 반도체였지, 트랜지스터와 같은 간단한 부품을 만드는 수준의 기술력만 가지고 있었기 때문이다.

이건희는 잠시 고민에 휩싸였다.

'한국반도체를 인수하면 내가 생각하는 대로 반도체를 만들 수 있을까?'

'괜히 트렌지스터나 만드는 회사를 인수해서 많은 어려움만 떠안게 되는 건 아닐까?'

이런 고민 끝에 이건희는 한국반도체 인수를 결정했다. 그는 아버지 이병철 회장에게 한국반도체를 인수하자고 건의했다.

"아버지, 한국반도체를 인수해서 우리도 반도체 사업을 시작해야 합니다. 이제 미래는 반도체와 같은 부가가치가 높은 제품에 달려있습니다."

그러나 이병철 회장은 고개를 저을 뿐이었다. 이병철 회장은 미래에 반도체 사업이 차지하는 중요성을 잘 알지 못했을 뿐 아니라 반도체 사업을 시작하기 위해선 천문학적인 자본이 들어가기 때문이었다.

이건희는 이병철 회장이 반대한다고 해서 한국반도체 인수를 포기하지 않았다. 훗날 이건희는 자신이 반도체 사업을 진출한 이유를 이렇게 말했다.

"우리는 젓가락 문화권이어서 손재주가 좋고, 주거 생활 자체가 신발을 벗고 생활하는 등 청결을 중시한다. 이런 문화는 반도체 생산에 아주 적합하다. 반도체 생산은 미세한 작업이 욕되고 먼지 하나라도 있으면 안 되는, 고도의 청정 상태를 유지해야 하는 공정이기 때문이다."

이건희는 손재주가 뛰어난 한국인들이야말로 반도체 사업에 적격이라고 생각했다. 그래서 자신의 돈을 가지고 한국반도체의 한국 측 지분 50퍼센트를 인수했다. 1974년 12월 6일, 그의 나이 서른두 살 때의 일이다. 3년 후인 1977년 12월에 삼성은 미국 ICII 사가 가지고 있던 한국반도체의 나머지 지분 50퍼센트를 마저 인수했다. 이병철 회장이 미래에 반도체 사업이 차지하는 영향력을 깨달았기 때문이다. 그리하여 1978년 3월, 삼성반도체주식회사로 회사 이름을 바꾸었다.

한국반도체는 말이 공장이지 일반 영세한 규모의 공장과 다를 바 없었다. 따라서 트랜지스터 웨이퍼를 생산하는 조악한 수준의 시설을 갖추고 있을 뿐이었다. 그리고 반도체 기술도 갖추고 있지 않았다.

이건희는 미국 실리콘밸리를 무려 50여 차례 이상 방문하며 반도체 사업을 일으키기 위해 인력 확보에 매달리며 고군분투했다. 그리고 일본을 오가며 기술 확보에 사활을 걸었다. 매주 일본으로 건너가 반도체 기술자들을 만나 그들로부터 조금이라도 도움이 될 만한 지식과 정보를 얻기 위해 노력했다. 당시 이건희가 할 수 있는 것은 반도체에 대한 지독한 공부밖에 없었다. 그는 일본 기술자를 그 회사 몰래 데려와서 우리 기술자들에게 밤새워 기술을 전수하게 한 뒤 일요일에 보낸 적도 많았다. 그런 고생과 노력 끝에 1981년 초 컬러 텔레비전 용 색(色) 신호 IC를 개발하는데 성공했다. 이로써 트랜지스터나 만들던 기술 수준을 한 차원 올려 초고밀도 집적회로(VLSI) 기술 개발의 계기가 되었다.

하지만 시간이 흐를수록 적자는 눈덩이처럼 불어나기 시작했다. 이건희는 미국 페어차일드 사를 수차례 방문하여 설득한 끝에 삼성반도체의 지분 30퍼센트를 제공하는 조건으로 기술 이전 승낙을 받을 수 있었다.

그러나 모든 문제가 해결된 것은 아니었다. 미국 현지에 파견한 실무진들이 부정적인 결과를 내놓았기 때문이다.

"현재 삼성이 보유한 기술 수준으로는 페어차일드의 64k D램 개발 신기술에 도전할 수 없습니다."

실무진들의 보고를 받은 이건희는 참담한 기분이었다. 반도체 사업에 뛰어든 자신의 선택과 결정에 대해 의구심마저 들었다. 하지만 이건희는 자신의 판단이 틀리지 않았다고 확신했다.

그 즈음 선친인 이병철 회장이 나섰다. 그는 더 이상 반도체 사업을 아무렇게나 방치할 수 없다는 판단이 섰기 때문이다. 그래서 삼성전자의 가전 및 텔레비전 생산 담당이었던 김광호 이사를 불러 "삼성반도체로 가서 사업을 정상화하라."는 지시를 하였다.

이병철 회장은 1982년 27억 원을 들여 반도체 연구소를 건립했다. 그리고 다음 해 마침내 삼성의 반도체 사업 진출을 대내외적으로 공식 선언했다. 아무도 반도체 사업에 대해 관심을 가지지 않을 때 시작한 이건희의 구멍가게 같은 반도체 사업의 시작이 10여 년 만에 삼성의 핵심 사업으로 인정을 받은 것이다. 그리고 현재 반도체는 삼성 뿐 아니라 우리나라 전체를 먹여 살리는 주력 제품이 되었다.

그러나 반도체 사업이 아무런 시련 없이 탄탄대로를 달렸던 것은 아니었다. 1987년 반도체 역사의 터닝 포인트가 되는 시련이 있었다. 당시 4메가 D램 개발 방식을 스택(Stack)으로 할 것인지, 트렌치(Trench)로 할 것인지를 결정하는 것이었다. 두 기술은 서로 장단점이 있어 본격적으로 양산 단계에 이르기 전에는 전문가라도 섣불리 판단할 수 없었다.

당시 이건희는 일본 반도체 회사의 제조 과장들을 저녁 때 만나 새벽까지 이 문제를 가지고 토론했다. 하지만 몇 차례 토론에도 불구하고 아무런 결론을 내지 못했다. 그때 이건희는 복잡한 문제일수록 단순화시켜 보는 자세를 견지했다. 두 기술을 복잡하게 생각하기보다 단순하게 생각해보니 스택은 회로를 고층으로 쌓는 것이고, 트렌치는 지하로 파들어 가는 식이었다. 그는 지하를 파는 것보다 위로 쌓아 올리는 것이 더 쉬울 뿐 아니라 문제가 생겨도 쉽게 개선할 수 있으리라고 생각했다. 그 결과 스택으로 결정했다. 훗날 트렌치를 채택한 도시바 사가 양산 시 생산성 저하로 D램의 선두 자리를 히타치 사에게 빼앗긴 것을 보면 그때의 결정은 올바른 선택이었다.

이건희는 또 한 번의 도전을 택했다. 반도체 5라인을 8인치 웨이퍼 양산 라인으로 결정한 것이다. 그때까지만 해도 반도체 웨이퍼는 6인치가 세계 표준이었다. 면적은 제곱으로 증가한다는 것을 감안하면 6인치와 8인치는 생산량에서 두 배 정도의 차이가 난다고 볼 수 있다. 하나같이 그런 이점을 알면서도 기수적인 위험 부담 때문에 8인치를 선택하지 못하고 있었다. 그때 이건희는 과감하게 8인치를 결정했다. 만일 실패한다면 1조 원 이상의 손실이 예상되는 만큼 주변에서는 "자칫 실패했을 경우 삼성이 위태로울 수 있다."며 강하게 반대했다. 하지만 그는 한국이 세계 1위의 반도체 생산국으로 발돋움하기 위해선 반드시 필요하다고 생각했다. 만일 위험 부담 때문에 6인치를 고수한다면 언제까지나 후진국 신세를 면치 못할 것이라고 판단했다.

이건희는 일본 반도체 회사들이 투자를 망설일 때 공격적인 투자를 감행했다. 그 결과 16메가 D램 개발은 일본과 동시에 했지만 양신 시기를 앞당겼을 뿐 아니라 8인치 웨이퍼를 사용함으로써 생산량에서 우위를 점할 수 있었다. 그리하여 세계시장에서 일본을 추월해 1993년 메모리 분야에서 세계 1위에 우뚝 서게 되었다.

그동안 이건희는 선견지명이 뛰어나다는 평을 많이 들었다. 반도체 사업도 그의 선견지명 덕분에 국내 최초로 시작할 수 있었다. 이건희의 인생 역정을 통해 어떤 분야든 남들보다 일찍 선점하는 사람이 크게 성공한다는 것을 알 수 있다.

세계 최고가 아니면 살아남을 수 없다

이건희 회장은 1993년 1월 31일, 그 해 첫 출장지인 LA로 떠났다. 그는 삼성전자가 8mm VTR을 세계 최초로 개발했다는 소식이 보도되고 있던 2월 1일에 LA에 도착해 한, 미 간의 통상 관련 현안과 시장 조사 및 반도체 덤핑 문제 등에 대해 협의했다.

이건희는 먼저 전자 관련사 23명의 경영진과 함께 LA의 한 가전제품 매장을 방문했다. 삼성 제품이 매장에 어떻게 진열되어 있고 소비자들에게 어떤 평가를 받는지 보기 위해서였다. LA는 세계 일류 전자제품의 각축장이라고 해도 과언이 아닐 만큼 경쟁이 치열하다.

매장에는 미국의 GE, 월풀, 소니, 필립스, 도시바 등 세계 일류 제품들이 디자인과 성능을 자랑하고 있었다. 물론 삼성의 제품도 있었다. 하지만 삼성의 제품은 한 구석에서 먼지를 뽀얗게 뒤집어쓴 채 방치되어 있었다. 그 순간 이건희 회장을 비롯한 전자 관련사 임원들은 큰 충격을 받았다. 국내 최고라며 자랑스러워했던 삼성 제품이 세계 시장에서는 이류 취급을 받고 있었기 때문이다.

'그동안 우리 삼성 제품이 천덕꾸러기 취급을 받고 있었구나.'

이건희는 가슴이 미어졌다. 얼굴은 바위처럼 딱딱하게 굳어졌고 내내 침통한 표정이었다.

LA의 가전제품 매장을 방문한 후 이건희는 깊은 고민에 빠졌다. 어떻게 해야 세계 시장에서 외면당하는 삼성 제품을 일류로 만들 수 있을까, 하는 물음을 스스로에게 쉴 새 없이 던졌다.

2월 18일, 이건희는 LA 센추리플라자호텔에서 세계 일류의 전자제품과 삼성 제품을 나란히 놓고 디자인과 품질을 비교 평가하는 회의를 열겠다고 말했다. '전자부문수출품 현지비교평가회의'는 이건희의 지시로 나흘 간의 일정으로 열렸다. 이른바 'LA 회의'였다. 200여 평의 홀에 GE, 월풀, 소니, 도시바 필립스 등이 만든 캠코더, 텔레비전, 냉장고, 세탁기, VTR, 전자레인지 등 78가지에 이르는 전자제품이 전시되었다. 브랜드 별로 디자인과 성능, 재질을 한눈에 비교할 수 있었다. 삼성 제품은 경쟁사의 제품에 비해 디자인이나 성능 면에서 수준이 현저히 떨어졌다.

이건희 회장은 임원들이 지켜보는 가운데 직접 삼성 제품과 경쟁사의 제품을 하나하나 분해하면서 제품의 기능과 부품들의 차이점을 짚어나갔다. 그러자 임원들은 아무런 대꾸도 하지 못한 채 고개만 숙이고 있을 뿐이었다.

삼성전자 미국 현지법인인 삼성미주전자의 이사 한 사람이 전반적인 상황을 보고했다. 이때 그는 1992년의 수출 부진의 원인이 다른 계열사에도 있다고 변명했다. 그러자 갑자기 이건희는 버럭 화를 내며 소리쳤다.

"당장 집어치우고 나가시오!"

평소 말이 없는 이건희가 고함을 지르자 그 이사는 어쩔 줄 몰라 했다. 이건희는 거듭 고함을 지르며 "그 따위 보고는 들을 필요도 없다."며 호통을 쳤다. 결국 그 이사는 회의장에서 쫓겨나고 말았다.

이사가 나가고 난 뒤에도 이건희는 화가 풀리지 않았다.

"어떻게 아직도 이런 중역이 삼성에 있단 말인가? 지금 우리 제품이 세계 시장에서 피 말리는 싸움을 벌이고 있는데, 계열사와 협력을 해도 모자랄 판에 어떻게 책임을 전가할 수 있는가? 나는 책임을 전가하는 사람을 가장 싫어한다."

이건희 회장은 마치 독백을 하듯이 말했다.

잠시 후 이건희가 무겁게 입을 뗐다.

"미국은 세계 최대의 시장이다. 따라서 미국 시장에서의 성패는 생존과 직결된다. 지금의 상황을 살펴보면 미국에서 우리 제품이 푸대접을 받고 있다는 것을 알 수 있다."

당시 삼성 제품은 미국 시장에서 할인점에서 저가로 판매되고 있었다. 뉴욕의 블루밍 데일스 같은 최고급 백화점에서는 삼성 제품을 취급하지 않았다. 이류 제품으로 여겼던 것이다. 이건희는 미국 시장에서 실패한다면 삼성은 살아남을 수 없다고 판단했다. 미국인들에게 외면당하는 것은 전 세계인들에게 외면당하는 것과 다를 바 없기 때문이다. 그래서 그는 누구보다 두려웠고 절박했다.

"삼성은 지난 1986년에 망한 회사다. 나는 이미 15년 전부터 위기를 감지했다. 지금은 잘 해보자고 할 때가 아니라 죽느냐 사느냐 기로에 서 있는 때다. 우리 제품은 선진국을 따라잡기에는 아직 한참 멀었다. 2등 정신을 버려라. 세계 제일이 아니면 앞으로 살아남을 수 없다."

이건희는 임원들에게 세계 시장에서 삼성이 처한 현 위치를 깨닫게 해주었다. 그래서 삼성 제품이 이류에서 일류로 거듭나는데 있어 그들이 분투해주기를 바랐다.

나중에 이건희는 LA 회의를 연 이유를 이렇게 말했다.

"LA 회의는 현 위치를 바로 알자는 것이었다. 과거 10년간 삼성은 너무 놀았다. 방향도 엉망이었다. 바로 가자, 힘을 합치자, 우리의 위치를 알자, 실력에 비해 너무 억울한 것 아니냐는 안타까움에서 LA 회의를 개최한 것이다."

1992년 이건희는 이학수 비서실 차장 등과 함께 LA 출장을 간 적이 있었다. 그때 출장팀에게 하루 휴가를 주고는 자신은 어디론가 사라졌다. 그날 저녁 출장팀이 호텔에 돌아와 보니 이건희는 자신의 방에서 전자부품들을 분해하고 있었다. 자세히 보니 당시 가장 많이 팔리는 외제 명품 VTR이었다. 이건희는 출장팀에게 일부러 휴가를 준 후 가전제품 매장에서 외제 VTR을 구입해 그 내부를 뜯어보면서 구조와 원리를 이해하고 있었던 것이다.

이건희는 국내 최고라는 자만심에 빠져있는 임원들을 호통 쳤다.

"삼성제품은 선진국 소비자들에게 싸구려라는 이미지가 박혀 있다. 구석에 처박혀 2~3년 간 먼지를 자욱하게 뒤집어쓰고 있을 정도로 삼성 이름이 그렇게 싸구려는 아니다. 천대를 받고 있는 제품에 삼성 이름을 붙이려면 차라리 삼성 이름을 반납하라."

임원들을 향한 이건희 회장의 질타는 무려 9시간 동안 이어졌다. 삼성이 자만심에 빠져 있는 동안 해외 일류 제품들이 눈부신 발전을 하고 있는 것에 화가 났던 것이다. 이건희는 세계 최고가 아니면 결코 살아남을 수 없다는 것을 누구보다 잘 알고 있었다. 그래서 그는 삼성그룹 회장임에도 불구하고 직접 외제 전자제품들을 일일이 뜯어보며 연구했던 것이다.

이 건 희 처 럼

불광불급, 미치지 않으면 이루지 못한다

자기 분야에서 일가를 이루기 위해서는 '불광불급(不狂不及)'의 정신이 있어야 한다. 어떤 일이든지 최고가 되기 위해서는 숱한 시련과 역경을 넘어서야 하기 때문이다. 그러기 위해선 자신이 좋아하는 일을 해야 한다. 그래야 그 일에 푹 빠져 몰입할 수 있을 뿐 아니라 얼마든지 도전할 수 있기 때문이다.

성공한 사람들은 하나같이 자신이 좋아하는 일에 푹 빠져서 도전했던 사람들이다. 발레리나 강수진을 떠올리면 한동안 인터넷을 떠돌던 한 장의 사진이 떠오른다. 상처와 굳은살로 뒤덮여있는 그녀의 발 사진이다. 그녀의 발 사진을 본 순간 섬뜩함과 함께 가슴 뭉클한 전율이 느껴졌다. 상처와 굳은살이 박혀 일그러진 못생긴 발은 그녀가 걸어온 인생 역정을 고스란히 말해준다. 세계 최고가 되기 위해 그녀가 얼마나 많은 피와 땀을 쏟았을지 짐작할 수 있다. 언젠가 정강이뼈에 금이 가 어쩌면 발레를 못 하게 될 수 있다는 진단을 받은 적이 있다. 하지만 그녀는 발레를 그만둘 수 없다는 일념으로 이를 악물고 연습에 몰입했다.

마이크로소프트의 창업주 빌 게이츠. 그 역시 한 가지 일에 몰두하면 무서운 집중력을 보여준다. 그는 머리 감을 때는 다른 일을 하지 못한다는 이유로 머리 감는 것을 싫어해 비듬이 가득한 상태로 다녔다는 일화는 유명하다. 2008년 노벨 물리학상을 받은 마스카와 도시히데 일본 교토산업대 교수도 불광불급의 정신이 있었기에 노벨상을 수상할 수 있었다고 말했다. 그는 한 언론과의 인터뷰에서 이렇게 말했다.

"오랜 기간 동안 한 연구에만 몰두했다. 과학계의 유행에 따르지 않고 내가 하고 싶어 하며 왜 그런 현상이 있는 것인지 궁금해 하는 분야에 대한 연구에 집중했다. 내 좌우명은 '끊임없이 생각한다'이다. 하루 3시간씩 자면서 한 달간 한 주제에 대해서만 파고든 적도 있다."

강수진, 빌 게이츠, 마스카와 도시히데는 자신이 하는 일에 미쳐있었던 사람들이다. 아무리 힘이 들어도 미련스럽게 그 일을 손에서 놓을 줄 몰랐다. 그 일을 놓는 순간 인생의 의미가 사라지기 때문이다. 이것이 그들이 성공할 수밖에 없는 이유이다.

세계 일류기업을 벤치마킹하라

며칠 전 가와시마 고타로의 『야나이 다다시, 유니클로 이야기』를 감명 깊게 읽었다. 책 속에는 25년 전 대학을 갓 졸업한 청년이었던 야나이 다다시가 아버지의 작은 양복점을 물려받은 시점에서부터 기존 소매업의 한계와 문제점을 파악하여 새로운 소매유통점인 유니클로 1호점을 낸 이야기, 새벽 6시에 매장을 오픈하는 상식을 뛰어넘는 발상, 경쟁상품의 3분의 1 가격으로 승부하는 등 남다른 발상과 마인드 전환을 통해 끊임없이 혁신에 혁신을 거듭해온 과정, 기업을 좀먹는 대기업병을 타개하기 위해 벤처정신으로 무장하여 기업쇄신에 매진해온 과정 등이 흥미진진하게 담겨 있다.

극심한 글로벌 경제위기 속에서도 유니클로는 2009년도 일본 최고 부자기업에 올랐다. 섬유산업이 사양 산업이라는 오명을 덮어 쓰고 있는데 어떻게 의류제조 업체인 유니클로가 일본의 최고 부자기업에 올랐을까?

유니클로 야나이 회장은 아침 5시 30분에 일어나 7시에 회사에 도착, 업무를 시작하고, 오후 4~5시까지 열정적으로 일했다. 그는 인생에 도움이 되지 않는 술, 담배는 전혀 하지 않는다.

야나이 회장은 이렇게 말한다.

"자신이 하는 일이 세상에서 가장 중요한 일이라고 생각하고 어떠한 어려움에도 희망을 가지고 꾸준히 그리고 열심히 일한다면 누구나 저절로 성공 할 수 있다."

유니클로의 성공비결은 고객이 원하는 제품, 고객에게 도움이 되는 제품을 미리 알고 매장에 내놓는 것이다. 기술만 뛰어나다고, 값만 싸다고 잘 팔리지는 않기 때문이다. 그래서 유니클로는 고객이 무엇을 요구하고 있는가를 여러 각도에서 생각하고 우리가 먼저 고객에게 "혹시 이런 것을 요구하시지 않나요?, 고객께서 원하는 것은 우리가 제공해 보겠습니다." 하고 제안하는 일이 습관화되어 있다.

나는 같은 업종에 종사하는 사람들이 유니클로의 성공 비결을 벤치마킹한다면 매출 실적이 비약적으로 올릴 수 있지 않을까, 하는 생각을 해보았다. 성공하는 사람이나 기업들은 대부분 다른 사람, 경쟁 기업으로부터 끊임없이 벤치마킹한다. 그들이 가진 강점을 자신의 것으로 만들어 종국에는 자신만의 차별화로 승화시킨다. 이것이 그들이 성공하는 이유이다.

한 지방대학의 최고경영자 과정에서 특강을 진행했다. 그때 한 중

소기업 사장이 했던 말이 떠오른다.

"사업의 가장 중요한 것은 선택과 집중입니다. 먼저 무엇을 선택하여 고객을 끌어 모을 것인가를 고민해야 합니다. 그러기 위해서는 시장조사도 많이 다니고 연구도 해야 합니다. 잘 되는 사람은 어떻게 성공했는지 벤치마킹도 해야 합니다. 그리고 제일 중요한 나만의 차별성을 가져야 합니다. 차별화되지 않으면 성공할 수 없습니다."

그렇다. 어떤 일을 하건 자기 분야에서 최고가 되려면 최고를 보고 배워야 한다. 그래야 자신의 실력을 향상시킬 수 있을 뿐 아니라 그를 뛰어넘을 수 있다.

이건희 역시 삼성의 취약점을 보강하기 위해 세계 일류 기업들을 벤치마킹하는 전략을 택했다. 일류 기업들을 배우지 않고서는 절대 일류 기업이 될 수도, 넘어설 수도 없기 때문이다. 벤치마킹 대상으로 성정한 기업은 일본과 미국의 기업들 가운데 세계 일류 기업들이었다. 물론 과거에 이병철 회장이 일본 기업에 대한 벤치마킹으로 많은 계열사들을 확충한 바 있다. 하지만 이건희는 개인의 차원을 넘어 그룹의 모든 임원들이 참여한 대대적인 벤치마킹을 택했다.

삼성의 벤치마킹은 산업부문별 벤치마킹과 경영기법별 벤치마킹으로 구분해 진행되었다. 첫 번째, 산업부문별 벤치마킹의 대상에서 전자는 소니와 마쓰시타이었고, 중공업은 미쓰비시, 섬유는 도레이를 벤치마킹하기로 결정했다. 두 번째, 경영기업에 대한 베치마킹은 신제품 개발은 소니, 모토로라, 3M, 생산 작업관리에서는 휴렛패커드, 필립모리스, 구매 및 조달은 혼다, 제록스, NCR을 벤치마킹했다. 그리고 품질 관리는 웨스팅하우스, 제록스, 판매 관리는 IBM, P&G를 선정했다.

물론 그렇다고 해서 삼성이 일본과 미국 기업들을 그대로 모방한 것은 아니었다. 그들에게 배우되 삼성만의 차별성을 가지기 위해 노력했다. 벤치마킹이 진행되는 동안 삼성은 내부적으로는 정비에 들어갔다. 1993년 삼성은 그룹 창립 이래 최대인 299명의 임원에 대한 인사를 단행했다. 그 이유는 성공의 핵심은 바로 사람의 경쟁력에 달렸다고 판단했기 때문이었다.

이건희 회장은 삼성을 세계적인 기업으로 변모시키기 위해 많은 비용을 들여가며 삼성맨들을 교육했다. 신경영이라는 이름 아래 그룹과 각 회사 차원에서 진행되었다. 교육은 국내에서 뿐 아니라 독일의 프랑크푸르트, 일본의 도쿄, 미국의 LA 등지에서 강도 높게 실시되었다. 이런 노력에 힘입어 삼성의 기술 수준과 세계 일류 기업들의 수준의 격차를 점차 좁힐 수 있었다. 그리하여 2년 후 강도 높게 진행한 교육의 효과가 서서히 나타나기 시작했다. 세계 일류 기업들의 장단점을 철저히 분석해 삼성만의 차별성을 이끌어내는데 성공한 것이다.

성공하고 싶다면 성공자에게서 배워야 하고 공부를 잘하고 싶다면 우등생을 벤치마킹해야 한다. 혼자 전전긍긍하며 애쓰는 것보다 이미 앞서나가는 사람들에게서 배운다면 쉽게 목표를 이룰 수 있다.

인생을 성공으로 이끈 두 분의 스승

이건희에게는 두 분의 스승이 있다. 바로 선친인 이병철 회장과 장인인 홍진기 전 중앙일보 회장이다. 이 두 분의 스승이 있었기에 국내 일등 기업을 지금과 같은 세계적인 기업으로 성장시킬 수 있었다.

1979년 2월 27일, 이건희는 「중앙일보」 이사에서 그룹 부회장으로 승진했다. 그때 그는 삼성본관 28층의 이병철 회장 집무실 옆방으로 자리를 옮겨 본격적으로 경영수업을 받았다. 그렇게 해서 이건희의 경영 수업은 이병철 회장이 타계한 1987년에 이르기까지 약 10년 간 이어졌다.

이병철 회장은 이건희가 삼성 부회장으로서 첫 출근하던 날 자신의 방으로 불렀다. 그리고 붓을 들어 직접 '경청'이라는 휘호를 써주었다.

"남의 말을 잘 듣는 것이야말로 대기업을 이끄는 총수로서 가장 먼저 갖춰야할 자세라는 것을 가슴에 새기거라."

경영자 가운데 남의 말을 경청하는 사람은 그다지 많지 않다. 하지만 이병철 회장은 남의 말에 귀 기울이는 경영자였다. 그래서 이건희에게 남의 말을 잘 듣는 것이 경영자의 덕목이라고 가르쳤던 것이다. 아버지의 영향 때문인지 이건희는 그 후로 무슨 일이 있어도 남의 말을 끝까지 경청하는 자세를 잃지 않았다. 그는 어느 누구와 대화를 해도 상대방의 말이 끝날 때까지 기다렸다가 질문을 던지거나 의견을 제시하곤 했다.

언젠가 소설 『토지』로 유명한 소설가 박경리와 한 시간 반 동안 식사를 하게 되었는데, 그때도 이건희는 말 한 마디 하지 않고 상대방의 말에 경청했다. 후일 박경리는 이건희에 대해 이렇게 말했다.

"그분의 옆얼굴에서 기업인이라기보다는 외롭고 깊은 침묵 속에서 끝없이 무엇인가를 창조해가는 과학자나 예술가로서의 단면을 보았다."

문학평론가 이어령 역시 "그의 한 마디가 나의 열 마디를 누른다."는 말로 이건희의 경청에 대해 감탄사를 내뱉은 바 있다.

이건희는 평소 조용하고 상대방의 말을 경청하지만 한 번 말을 시작하면 3~4시간은 기본이다. 때론 10시간을 쉬지 않고 말을 할 때도 있을 정도로 달변가이다. 특히 그는 말을 하기 전에 철저히 사전 검증 작업을 거치기 때문에 그 누구도 섣불리 반박할 수 없다. 그는 비서들에게 조사를 시킨 후 그들이 올린 보고서만을 보고 결정하지 않는다. 직접 그 분야의 전문가를 만나 의견을 청취한 다음, 비서들에게 지시를 내리기 전 스스로에게 최소 여섯 번 이상 '왜?' 하고 묻는다. 예상치 못한 부분에서의 실패를 미연에 방지하기 위해서이다.

이병철 회장은 이건희를 항상 경영 일선에 동반했는가 하면, 많은 일을 직접 해보라고 주문했다. 그러면서 결코 어떤 일에 대해서도 자세하게 설명해주지 않았다. 스스로 몸소 부딪혀가면서 경영 전반에 대해 배우기를 바랐기 때문이다.

이건희는 이병철 회장이 이럴 땐 이렇게 하고 저럴 땐 저렇게 하라고 구체적으로 가르쳐주지 않았기에 처음에는 답답하고 이해가 되지 않았다.

그는 훗날 당시를 이렇게 회고했다.

"선친은 경영일선에 항상 나를 동반하셨고, 많은 일을 나에게 직접 해보라고 주문하셨다. 하지만 자세하게 설명해주시지는 않았다. 현장에서 부딪히며 스스로 익히도록 하셨다."

하지만 시간이 지나면서 자신을 강하게 키우려는 이병철 회장의 속뜻을 이해할 수 있었다.

이병철 회장은 자기관리에도 철저한 사람이었다. 오전 6시에 기상해 밤 10시에 잠자리에 들었다. 평생을 해온 습관이었다. 이건희는 이병철 회장으로부터 철저한 자기관리에 대해 배울 수 있었다.

이병철 회장이 이건희에게 물려준 교훈 가운데 '목계'가 있다. 이병철 회장은 거실에 목계를 걸어놓고 늘 스스로를 다스렸다. 이건희 역시 이런 아버지를 보면서 세파에 대한 초연함을 배웠다.

목계는 『장자』의 '달생편'에 나오는 우화이다.

싸움닭을 잘 훈련시키는 기성자라는 사람이 있었다. 왕은 그에게 닭 한 마리를 주면서 싸움을 잘하는 닭으로 훈련시키라고 명했다.

열흘이 지나 왕이 기성자를 불러 물었다.

"어느 정도 되어 가는가?"

그러자 기성자는 "아직은 멀었습니다. 닭이 허장성세가 심한 것이 싸움할 준비가 안 되었습니다."

열흘이 지나자 왕이 또 물었다.

"상대 닭을 보기만 하면 싸우려 하는 것이 훈련이 덜 되었습니다."

다시 열흘이 지나 왕이 다시 물었다.

"아직도 상대 닭을 보면 살기를 번득이는 것이 훈련이 덜 되었습니다."

그리고 또 다시 열흘이 지났다.

"이제는 훈련이 거의 되었습니다."

이번에는 궁금해진 왕이 물었다. 그러자 기성자가 대답했다.

"상대 닭이 살기를 번득이며 싸움을 걸어도 조금도 동요하지 않습니다. 멀리서 바라보면 마치 나무로 만든 닭과 같습니다. 다른 닭들이 보고는 더 이상 반응이 없자 다들 그냥 지나칩니다."

이병철 회장은 목계에 대해 들려준 뒤 이렇게 말했다.

"말을 아껴라. 말을 많이 하면 허점이 저절로 드러난다. 표정을 바깥으로 드러내 보이지 마라. 표정을 드러내면 무게가 없어진다."

이건희는 우화를 통해 온갖 세파로부터 초연해질 수 있었다. 그리하여 삼성이 숱한 부침을 겪을 때마다 목계처럼 마음을 흩트리지 않고 총수로서 제 역량을 발휘할 수 있었다.

장인인 홍진기 전 중앙일보 회장은 기업 경영과 관련된 다방면의 해박한 학식과 견문을 가지고 있었다. 그래서 장인은 이건희에게 경영에 관한 문제를 문답식으로 자상하게 풀어서 설명해주었다. 그는 장인을 통해 기업 경영에 필요한 전문지식과 그 활용 방법을 배웠다. 그리하여 기업 경영에 대한 거시적인 안목을 갖추게 되었다.

이건희는 장인 홍진기에 대해 다음과 같이 회상했다.

"그분은 자상하셨어요. 상법으로 대학논문을 쓰셨는데 헌법, 상법, 주식회사법, 판례, 역사, 불어, 정치, 상식 등을 제가 18년 동안 매일 저녁 강의를 받았습니다."

이건희는 두 분의 가르침을 통해 경영에 관한 '문(文)과 무(武)'를 동시에 배울 수 있었다. 이병철 회장의 엄격한 현장 중심 훈련을 통해서는 경영 일선에서 발견되는 각종 문제점을 느끼고 반사적으로 대처하는 '감의 지혜'를 익혔고, 장인의 이론 중심 가르침을 통해서는 합리적이고 융통성 있는 '문제 해결의 지혜'를 얻었다.

이건희가 큰 거목으로 자랄 수 있었던 것은 두 분의 스승 즉, 선친 이병철 회장과 장인 홍진기 전 중앙일보 회장의 역할이 컸다. 그는 그 두 분의 가르침이 바로 성공하는 인생의 씨앗이 되어주었기 때문이다.

이 건 희 처 럼

오프라 윈프리와 빌 게이츠의 멘토는 책이었다

'토크쇼의 여왕' 오프라 윈프리의 어린 시절은 지독하게 가난했다. 하지만 그녀는 지독한 가난을 극복하고 현재 모두가 부러워하는 풍요로운 인생을 만끽하고 있다.

그렇다면 지독히도 가난했던 그녀의 성공 비결은 무엇일까? 제일 먼저 독서를 꼽을 수 있다. 그녀는 끊임없는 지적탐구심을 가지고 있었다. 그녀가 책과 가까워지게 된 데는 양아버지의 영향이 컸다. 어린 시절 그녀는 습관적으로 아버지 지갑에서 돈을 훔치곤 했다. 그녀의 아버지는 질책 대신 딸에게 일주일에 책을 한 권 읽겠다는 약속을 받아냈다.

그 후로 오프라는 의무적으로 책을 읽게 되었다. 그때 그녀는 독서를 통해 자신에게도 무한한 가능성이 있다는 것을 깨달았다.

오프라 윈프리는 그때를 이렇게 회상했다.

"책을 통해서 나는 인생의 가능성이 있다는 것과 세상에 실제로 나처럼 살고 있는 사람들이 있다는 것을 알게 되었습니다. 그래서 나는 내가 열망한 것을 달성할 수 있었습니다. 독서는 나에게 희망을 주었습니다. 내게 책은 열려진 문과 같았습니다."

가난과 방황으로 힘겨워했던 그녀에게 독서는 인생의 가능성이 되어주었다.

오프라의 지적 수준은 대단하다. 그 어떤 사람과도 막힘없는 대화를 할 수 있을 뿐 아니라 상대를 편안하게 해준다. 그 비결은 바로 어린 시절부터 시작된 독서 습관에서 찾을 수 있다.

빌 게이츠가 일곱 살 때 부모는 『세계대백과사전』을 선물했던 적이 있다. 그때 그는 처음부터 끝까지 읽기로 결심하고 매일 조금씩 읽어 내려가 마침내 다 읽을 수 있었다. 그 후 그는 전기, 역사책, 과학책 등 독서범위를 넓혔다.

현재 빌 게이츠의 집에는 1만 4,000여권의 장서를 소장한 개인 도서관이 있다. 도서관은 그가 가장 아끼는 공간으로 알려져 있다. 그는 그동안의 모든 아이디어들은 독서를 통해 얻었다고 고백한 바 있다.

"나는 일을 하다가 생각이 막히면 무조건 책을 펼친다. 소설책도 좋고, 시집도 좋고, 경영서도 좋고, 역사책도 좋다. 그냥 펼쳐 읽는다. 책을 읽다보면 새로운 생각들이 머리를 가득 채우게 된다. 실제로 그동안 내가 얻은 아이디어들은 모두 이렇게 독서를 통해 얻은 것이다."

지금의 빌 게이츠를 만든 것은 책이다. 책을 통해 꿈을 가졌고 그 꿈을 이루었다. 그 결과 지금처럼 모두들 부러워하는 인생을 살게 된 것이다.

오프라 윈프리와 빌 게이츠에게 있어 책은 인생의 스승과도 같았다. 만일 그들이 책과 가까이하지 않았다면 지금쯤 어떻게 되었을까? 여러분에게는 무한한 잠재력이 있다. 하지만 그 잠재력은 혼자 힘으로는 절대 극대화시킬 수 없다. 성공한 사람들의 조언이 필요하다. 하지만 쉽게 그들을 만날 수 있는 것은 아니다. 그렇다면 성공한 사람들의 성공 스토리가 담겨 있는 책을 읽는 것이다. 그러면 큰 힘 들이지 않고 그들의 성공 비결을 알 수 있다. 그리고 그 성공 비결을 내 것으로 만들어 그대로 따라한다면 분명 그들처럼 성공할 수 있다.

03

내가 나를 믿지 않으면 아무도 나를 믿지 않는다

- 일류가 아닌 이류는 매일 분주하다
- 머리끝부터 발끝까지 바꿔라
- 지독한 강연가로 변신하다
- 버릴 것은 버리고 합칠 것은 합쳐라
- 미래는 진짜 공부를 하는 사람의 것이다
- 구르는 돌에 이끼가 끼지 않는다

일류가 아닌 이류는 매일 분주하다

이건희 회장은 골프 브랜드 '아스트라'에 대해 남다른 애정을 가지고 있다. 그래서 그는 미국의 세계적인 골프웨어 브랜드인 '바비 존슨'을 벤치마킹하면서 국내 최고의 골프 브랜드는 물론 세계 시장에서도 손색이 없는 '명품' 골프 브랜드를 만들고자 했다. 아스트라의 명품 브랜딩은 또 하나의 도전이었다.

1996년 이후 일 년에 두 번씩 봄과 가을에 개최되는 '아스트라 품평회'는 이건희 회장이 직접 주재했다. 그만큼 아스트라에 대해 특별한 관심과 애정을 가지고 있다는 것을 알 수 있다.

1996년 5월, 이건희는 급히 아스트라 담당자들을 삼성 본관 회장실로 불렀다. 좌중을 둘러본 뒤 날카롭게 질타하기 시작했다.

"일류 소재를 들여다가 삼류 제품을 만들다니, 이렇게 하려면 당장 사업을 접으시오. 문제는 디자인인데 디자이너들이 현장을 모른 채 상품을 만드니 삼류 소리를 듣는 겁니다."

이건희는 비서실에 아스트라 20여 명의 상품 기획 직원들과 디자이너들의 안양골프장 입소를 지시했다. 그들은 보름 동안을 안양골프장에서 골프만 치며 시간을 보내야했다. 그들을 안양골프장에서 골프를 치게 한것은 그만한 이유가 있었다. 그들 가운데 골프를 처음 쳐보는 직원들이 대부분이었는데, 직접 골프를 체험하면서 골프웨어의 소재나 색상, 그리고 기능을 고민하라는 뜻이었다.

이건희 회장은 1996년 10월 아스트라 가을 품평회를 안양골프장에서 열었다. 그때 그는 다음과 같이 말했다.

"유럽의 부호들이 즐겨 찾는 벨기에 브뤼셀에 '드간(Degannd)'이라는 매장이 있습니다. 거기 가서 초일류 제품이 뭔지를 보세요. 아스트라가 선진 제품과 무엇이 어떻게 다른지, 가서 보면 부족한 부분이 한두 가지가 아니라는 걸 알게 될 겁니다."

아스트라 담당자들은 품평회가 끝나자마자 급히 짐을 챙겨 유럽으로 떠났다. 그들은 드간을 비롯해 던힐, 마스터스 등 일류 골프웨어 매장들을 둘러보면서 닥치는 대로 쇼핑했다. 일류 브랜드를 벤치마킹하기 위해서였다.

2003년 5월 22일 한남동 승지원에서 열린 봄 품평회에는 원대연 제일 모직 패션부문 사장을 비롯해 안복현 제일모직 사장, 이홍수 아스트라 담당상무, 임경란 디자인실장 등 이른바 '아스트라 사단'이 여름 신상품 10점을 전시해놓고 초조하게 이건희 회장을 기다리고 있었다.

그리고 잠시 후 이건희 회장과 홍라희 여사가 입장했다. 간략한 이건희의 격려인사가 끝나고 품평회가 시작되었다. 이건희가 진열된 작품의 디자인과 소매, 깃 등의 재봉 상태를 세밀하게 살펴보자 그 자리에 참석한 임직원들은 극도로 긴장했다.

진열된 작품을 꼼꼼하게 살펴본 이건희 회장의 품평이 거침없이 시작되었다

"우리는 기본을 매우 등한시하는 경향이 있습니다. 유행하는 색깔을 좇다보니 화이트, 블랙, 베이지, 블루 등 기본 색상을 무시합니다. 골프웨어는 바지, 티셔츠, 재킷의 색상이 어울려야 합니다. 그런데 소비자 입장에서 한번 살펴보세요. 티셔츠, 바지, 재킷을 장롱 속에 제각각 보관하는 경우가 허다합니다."

그리고 남성복 티셔츠에 대한 품평이 이어졌다.

"디자인과 소재가 마음에 듭니다. 잘 만들었어요. 그런데 이 디자인과 소재를 바탕으로 만든 비슷한 유의 여성복은 없나요? 이 소재와 디자인을 여성복에도 적용할 수 있는지를 검토해 보는 게 어떻습니까? 동일한 소재로 옷을 만들다 보면 재료비가 절약되는 1석2조 효과가 있습니다."

이건희는 아스트라가 세계적인 골프웨어 브랜드로 자리 잡기를 열망했다. 그래서 그는 사소한 것에 만족하지 않고 임직원들에게 끊임없이 주문했다.

지난 1986년 출시된 전문 골프웨어 브랜드 아스트라는 런칭 당시부터 한국 프로골프 선수권대회를 공식 후원하는 등 마케팅 활동에 많은 노력을 기울여 왔다. 박세리 선수를 후원해 미국 LPGA US오픈에서 우승의 견인차 역할을 하기도 했다. 아스트라는 국내 시장에 만족하지 않고 품질 고급화를 통한 세계적 일류 브랜드로 도약하는 것을 목표로 삼고 분투했다.

그러나 섬유사업에서의 세계시장 진출은 결코 쉬운 일이 아니다. 그럼에도 불구하고 아스트라는 많은 어려움을 극복하고 국내 브랜드로서는 최초로 미국 의류업계에 성공적으로 진출했다. 현재 국내 최고의 골프브랜드 '아스트라'는 국내 뿐 아니라 해외 시장에서도 많은 골프인에게 사랑받고 있다.

사실 아스트라가 첫 선을 보인 때만 하더라도 국내 골프 의류시장이 활성화되지 못했다. 하지만 이 같은 척박한 환경 속에서 아스트라는 지난 97년 8월 한국의류시험연구원로부터 최우수제품에 부여하는 '명품' 인증을 받았다. 그 후 99년 뛰어난 품질과 깔끔한 디자인, 동양적 신비함을 내포한 기존 골프웨어와의 차별화 된 포인트를 앞세워 국내 의류브랜드 최초로 미국시장에 성공적으로 진출해 370여 곳에 달하는 매장을 운영하고 있다. 또한 골프용품 전문 잡지인 GSO로부터 전미 5대 브랜드 중 하나로 선정되는 영예를 안았다.

자신의 분야에서 최고가 되기 위해 노력해야 한다. 물론 최고가 되기 위해선 온갖 시련과 역경을 극복해야할 뿐 아니라 자신과의 싸움에서도 이겨야 한다. 하지만 정상에 섰을 때 누리게 되는 기쁨과 여유는 이루 말로 표현하기 힘들다.

  이건희는 언젠가 "2등은 항상 바쁘지만 1등은 여유롭다."라고 말한 바 있다. 그렇다. 자기 분야에서 일류가 될 때 쫓기는 신세가 아닌 승자로서 여유로울 수 있다.

이건희처럼

어떤 꿈을 품든, 어떤 일을 하든지 최고가 되어라

한 소년이 있었다. 그는 공부보다 노는 것과 상상하는 것을 더 좋아했다. 그는 다니던 중학교를 중퇴하고 열두 살부터 일을 시작했다. 그는 한때 구급차 운전기사로도 일했는가 하면, 밀크 세이크 믹서기를 팔기위해 17년간을 미국 전역을 돌아다니기도 했다.

  그리고 그는 마침내 52살 때 자신이 꿈꾸었던 사업을 시작했다. 그가 바로 세일즈맨으로 출발해서 오늘날의 맥도날드를 만든 레이 크록이다.

  1954년 밀크 세이크 믹서기 판매원 레이 크록은 캘리포니아주 샌 베르나르니노에 있는 햄버거 가게에서 맥도날드 형제를 만나게 되었다. 떠돌이 장사꾼에 불과했던 그는 햄버거를 사기 위해 길게 늘어난 사람들의 행렬 속에서 엄청난 사업기회를 발견했다.

  그는 사업 확장에 소극적이었던 맥도날드 형제를 설득해서 프랜차이즈 사업권을 얻어냈다. 그날 이후 맥도날드는 전세계를 뒤덮는 황금알을 낳는 거위가 되었다. 전세계 121개국에 3만개가 넘는 점포를 가진 다국적 기업으로 성장한 것이다. 현재 맥도날드에는 매일 4,600만 명이 넘는 사람들이 햄버거를 사기 위해 찾는다.

레이 크록의 사무실과 맥도날드 본사의 모든 중역실에는 미국의 제30대 대통령인 캘빈 쿨리지의 글이 적힌 액자가 걸려있다.

"세상에 인내 없이 이룰 수 있는 일은 아무 것도 없다. 재능으로는 안 된다. 위대한 재능을 가지고도 성공하지 못한 사람은 많다. 천재성으로도 안 된다. 성공하지 못한 천재는 웃음거리만 될 뿐이다. 교육으로도 안 된다. 세상은 교육받은 낙오자로 넘치고 있다. 오직 인내와 결단력만이 무엇이든 이룰 수 있다."

그렇다. 성공은 인내하고 또 인내하는 사람의 것이다. 그래서일까, 성공한 사람들은 하나같이 끈기의 달인들이다. 그들은 한두 번 해서 안 된다고 해서 쉽게 포기하지 않는다. 오히려 안 되는 이유를 파악해서 잘 되는 비결을 찾는다. 그리하여 결국 성공한다.

일등이 아닌 이등, 삼등은 늘 배가 고프고 여유가 없다. 그들에게 돌아가는 것은 일등이 남긴 부스러기뿐이다. 어떤 꿈을 품든, 어떤 일을 하든지 최고가 되도록 노력해야 하는 이유가 여기에 있다.

머리끝부터 발끝까지 바꿔라

이건희는 1987년 12월 회장에 취임했을 당시 착잡한 마음이었다. 부회장이 된 1979년부터 경영일선에 부분적으로 관여해왔지만 당시는 지금처럼 막막하지는 않았다. 선친인 이병철 회장의 공백을 메우고 위기에 처한 삼성그룹을 이끌어가야 하는 막중한 책임감을 짊어져야했다.

이건희는 삼성을 위기에서 구하고 세계적인 기업으로 거듭나게 하기 위해 고군분투했다. 그러나 정작 일선에 있는 임직원들은 제대로 따라주지 않았다. 그렇다고 그들을 그냥 그대로 놔둘 수는 없었다. 그렇게 된다면 얼마 지나지 않아 삼성이 위태로운 지경에 처하게 될 것이기 때문이다.

이건희는 당시 심정을 이렇게 말했다.

"92년 여름부터 겨울까지 나는 불면증에 시달렸다. 이대로 가다가는 사업 한두 개를 잃는 것이 아니라 삼성 전체가 사그라들 것 같은 절박한 심정이었다. 그때는 하루 네 시간 넘게 자본 적이 없다. 불고기를 3인분은 먹어야 직성이 풀리는 대식가인 내가 식욕이 떨어져서 하루 한 끼를 간신히 먹을 정도였다. 그 해에 체중이 10kg 이상 줄었다."

깊은 고민 끝에 이건희는 삼성을 구하기 위해 머리끝부터 발끝까지 바꾸기로 결심했다. 이건희는 회장직에 취임한 이듬에 삼성을 구하기 위해 제2창업을 선언하고 임직원들에게 '변화와 개혁'을 외쳤다. 하지만 삼성 내부에는 긴장감을 느낄 수 없었다. 여전히 삼성맨들은 '내가 최고다'라는 착각에 빠져있었던 것이다. 그러나 이건희는 누구보다도 절박했다. 침몰 위기에 처한 삼성을 구해야한다는 일념뿐이었다.

이건희는 1993년 신년사에서 "대나무도 매듭이 있어야 잘 자라듯 삼성의 미래를 위해서도 반성과 평가를 통한 새로운 결단이 있어야 한다."라고 밝혔다. 그리고 그 해 2월에 LA에서, 3월에는 도쿄에서 사장단 회의를 주재했다.

그는 사장들과 함께 LA에서 세계 일류 제품과 삼성 제품을 비교 분석했다. 한국이 아닌 로스앤젤레스에서 삼성 제품을 비교한 것은 삼성 제품의 브랜드 수준이 얼마나 미미한가를 눈으로 보여주기 위해서였다. 그렇게라도 사장들에게 '변하지 않으면 죽는다'는 위기의식, 경각심을 심어주고자 했던 것이다.

이건희는 회의에 앞서 사장들과 전자제품 판매장에 들러 삼성 TV가 어떻게 진열되어 있는지 확인했다. 매장에는 미국의 GE, 월풀, 네덜란드의 필립스, 일본의 소니, 도시바 등 세계 일류 제품들이 보기 좋게 진열되어 있었다. 이에 반해 삼성 TV는 먼지를 뒤집어쓴 채 한 구석에 처박혀 있었다.

이건희를 비롯한 사장들은 그 광경을 보고 경악했다. 국내에서 최고라고 자부하던 삼성이 세계시장에서는 천덕꾸러기 신세로 전락해 있었던 것이다. 그는 이대로 가다가는 선친이 일으킨 삼성이 공중분해 될지도 모른다는 두려움에 휩싸였다. 당시 이건희는 하루 한 끼만으로 생활한지 일 년이 지나고 있었다. 무언가 단호한 변화가 필요했다.

이건희는 6월 7일 프랑크푸르트 켐핀스키호텔로 임원 200여 명을 집결시킨 뒤 다음과 같이 말했다.

"나 자신이 안 변하면 아무것도 안 변한다. 변하는 것이 일류로 가는 기초다. 내가 바뀌어야 비서실이 바뀌고 각사 사장, 부사장, 임원, 부장, 과장들이 바뀐다. (…) 자기부터 변하지 않으면 안 된다. 마누라하고 자식만 빼놓고 모두 바꿔야 한다."

그해 7월 이건희는 '7시 출근·4시 퇴근제' 도입을 지시했다. 직원들의 자기계발을 꾀하는 동시에 경직된 조직 문화에 변화를 일으키기 위한 나름의 '충격요법'이었다. 불량이 발견되면 누구든지 라인 전체를 멈출 수 있도록 하는 '라인 스톱제'도 도입했다.

신경영의 효과는 무서울 정도였다. 모든 사업 부문에서 '바꾸지 않으면 죽는다'는 위기의식이 높아졌다. 그 결과 TV 세탁기 휴대폰 등에서 과거와는 완전히 차별된 제품이 쏟아지는가 하면, '애니콜 신화'로 불리는 거대한 변화가 시작되었다.

신경영 개혁이 한창이던 지난 1993년 도쿄 오쿠라 호텔에서 이건희 회장은 회의 중에 이렇게 말했다.

"드라이버가 250야드 나가는 사람이 10야드 더 내려면 근육이나 손목의 힘, 그리고 목 힘이 달라져야 한다. 아이언을 처음 치는 사람이 50야드 내려면 아주 쉽지만, 150야드에서 160야드로 10야드 더 보내기란 제로에서 100야드 보내는 것보다 힘들다."

개인이나 기업이 한계를 극복하려면 지금껏 해왔던 사고방식을 바꾸어야 한다는 뜻이다. 성과가 미미하거나 잘되지 않는 데는 반드시 이유가 있다. 따라서 과거의 방식들을 버리는 총체적인 개혁이 이루어진다면 성과를 발휘하게 된다.

이건희는 골프 스윙을 할 때 힘을 빼는 것이 중요하다고 말하면서 '유연한 조직'이 성공한다고 말하기도 했다. 그는 또 혼자 힘으로 잘하려고 하기보다 이미 성공했거나 앞서가는 사람에게 배우라고 주문한다. 잠시 그의 말을 들어보자.

"왜 혼자서만 개발하려고 하는가. 이것은 애사심이 아니다. 우리 실력으로 안 되면 결국 언젠가는 같은 기술을 또 도입해야 한다. 골프와 비교하면 혼자 연습하다가 도저히 백 타를 못 넘기고 결국 프로한테 배우러 가는 것과 마찬가지다."

그렇다. 나 혼자서 시행착오를 겪는 것보다 성공자에게서 배울 때 훨씬 수월하고 빠르게 목표에 도달할 수 있다. 그래서 성공자들은 하나같이 자신보다 뛰어난 사람을 벤치마킹하라고 충고하는 것이다.

오나라 왕 합려와 손자가 만났다. 합려는 손자가 보낸 병법 13편을 이미 읽어본 상태였다. 군사전략가로서의 손자를 실제 상황에서 시험해보고 싶다는 생각에 합려는 궁녀도 지휘할 수 있겠느냐고 물었다.

손자는 이 제안을 흔쾌히 받아들이고 합려가 불러 모은 궁녀 180명에게 군율을 설명했다. 왕의 전권 위임을 상징하는 도끼를 설치하고 궁녀들은 두 부대로 편성돼 합려가 총애하는 후궁 둘이 각 부대의 대장을 맡았다. 그리고 큰 북이 울리면서 손자의 명령이 떨어졌다.

그러나 궁녀 무리는 어색한 상황에서 마냥 웃기만 할 뿐이었다. 손자는 담담한 어조로 군율이 분명함에도 불구하고 명령이 철저하게 이행되지 않는 것은 장수의 죄이니 그 죄를 물어 양 부대 대장의 목을 베어야 한다고 말했다. 대경실색한 합려는 그 후궁 둘이 죽으면 자신이 밥을 먹어도 맛을 전혀 모르게 된다며 말렸다. 하지만 손자는 눈썹 하나 까딱하지 않고 합려가 아끼는 후궁 둘의 목을 그 자리에서 베어버렸다. 참수된 두 후궁의 머리가 내걸린 가운데 남은 궁녀들은 이제 명령이 울려 퍼질 때마다 북소리에 맞추어 자로 잰 듯이 완벽하게 움직였다. 궁녀들은 진짜 군인이 된 듯 손자의 명령에 복종했다.

오늘보다 더 나은 내일을 맞이하려면 사고와 행동을 바꿔야 한다. 계속 같은 사고와 행동 패턴으로는 같은 결과를 얻을 수밖에 없다. "전국 체전에서 1등 했다고 자랑하지 마라. 국내 회사에서 이긴 것은 이긴 것도 아니다."라는 이건희 회장의 질책을 뼈저리게 되새겨 보자. 분명 우리는 지금껏 해왔던 것보다 내일은 더 잘할 수 있다. 그러면 오늘보다 더 풍요로운 내일을 맞이할 수 있다.

지독한 강연가로 변신하다

이건희 회장은 1992년 여름부터 겨울까지 심각한 불면증에 시달렸다. 이대로 가다가는 사업 한두 개를 잃는 것이 아닌 삼성 전체가 공중분해 될 것 같은 절박함 때문이었다.

당시 그는 하루 네 시간 이상 수면을 취한 적이 없었다. 보통 불고기를 3인분은 먹어야 직성이 풀리는 대식가인 그가 식욕이 없어 하루 한 끼를 겨우 먹을 정도였다. 그 해 이건희의 체중이 10킬로그램 이상 줄을 정도로 심각한 고민에 놓여 있었다.

이건희 회장은 1997년에 출간한 에세이에서 1992년을 회고하면서 다음과 같이 말했다.

"작년 1월부터 내가 심각하게 고민했다. 작년 8월부터는 잠이 오지 않았다. 매일 책 보고 물어보고 조사시키고 했다. 10월부터 뭔가 해야겠다고 생각했다."

고민을 거듭한 끝에 이건희는 중대 결심을 했다. 더 이상 고민하지 말고 자신이 직접 나서서 삼성을 변화시켜야겠다고 마음먹은 것이다. 그는 위기에 처한 삼성을 구하기 위해 전문가들에게 묻는가 하면, 성공한 기업들을 조사해 성공 비결을 분석했다. 그리고 그 성공 비결을 삼성맨들에게 강연 형식으로 전파하기 시작했다.

1993년 2월, 이건희는 사장단에게 공식적인 첫 강연을 시작했다. 그때 무려 9시간이 걸렸다. 도쿄에서는 12시간이나 계속 되었다. 그해 6월 7일, 프랑크푸르트에서 역사적인 신경영을 선포한 뒤에는 강의에 더욱 많은 시간을 쏟았다. 당시 그는 런던, 오사카, 후쿠오카, 도쿄를 오가면서 68일동안 임직원들을 대상으로 해외간담회를 열었다. 사장단을 대상으로는 800시간 동안 강의를 했는가 하면, 임직원 1,800명을 대상으로는 350시간 동안 강의를 했다. 그가 이처럼 광적으로 강의에 몰입한 것은 오랫동안 고질병을 앓고 있는 삼성맨들을 변화시키기 위해선 무엇보다 '강의'를 통한 의식의 변화뿐이라고 여겼기 때문이다.

이건희가 사장단, 임직원들을 대상으로 한 강의에 쏟은 돈은 천문학적인 액수에 달한다. 프랑크푸르트 선언 이후 8월 4일까지 68일 동안 일본에서만 약 1억 달러, 당시 환율로 계산해보면 1천억 원 가량 썼다는 것을 알 수 있다. 당시 1억 달러면 국제적인 규모의 회사 하나를 세울 수 있을 정도의 엄청난 액수이다.

이건희는 강의를 통한 삼성맨들의 의식 변화를 통해 삼성을 재건하고자 했다. 하지만 생각처럼 삼성맨들은 따라주지 않았다. 그가 아무리 입술이 닳고 마르도록 떠들었지만 임직원들 가운데 꾸벅꾸벅 조는 사람들도 많았다. 하지만 이건희는 당장 이렇다 할 변화를 기대하지 않았다. 오히려 나비효과처럼 서서히 삼성맨들이 달라질 것이라고 믿었다.

"삼성에는 이사급 임원이 800명이 있다. 이들 가운데 내 이야기를 심각하게 받아들이고 귀 기울이는 사람은 10퍼센트 남짓 될까 말까 한다. 부장급도 회장이 무슨 말을 했는지 아는 사람이 10퍼센트가 안 된다. 삼성에서 회장과 위기의식을 공유하는 사람이 5퍼센트 있으면 많이 있는 거다."

이건희는 회사가 존폐위기에 놓인 중요한 시기에 강의에 몰입한 이유를 이렇게 말했다.

"내가 신경영을 선언하고 신경영 대장정이라고까지 불렸던 간담회를 가진 것은 구조적인 문제는 그 근본부터 해결해야 하고 그 근본은 사람의 마음속에 있다고 생각했기 때문이다."

이건희는 많은 사람들과 언론이 회사가 존폐 위기에 서있는 순간에 강의에 광적으로 몰입한다며 비난의 화살을 퍼부어도 아랑곳하지 않고 더욱 치열하게 강의에 치중했다. 어떤 날은 8시간, 12시간, 심지어 18시간씩 강의를 하기도 했다. 그러자 어느 순간부터 삼성에 놀라운 일이 일어나기 시작했다. 꿈쩍도 않던 삼성맨들이 점차 바뀌기 시작한 것이다. 이건희의 생각이 맞아떨어졌다. 삼성그룹의 시가총액이 1988년 1조 원에서 2007년 140조 원으로 무려 140배나 상승했던 것이다. 결과적으로 이건희가 삼성맨들의 의식 변화를 위해 쓴 자기계발 비용 1억 달러는 천문학적인 황금알을 낳았다.

성공한 인생을 사는 사람들은 하나같이 지독한 면모를 가지고 있다. 지독하지 않고서는 절대 자신의 분야에서 성공할 수 없다. 성공하기 위해선 통과 의례로 온갖 시련과 역경을 이겨내야 하기 때문이다. 그러려면 지독한 근성이 있어야 한다.

'싸움꾼 고교생', '막노동꾼', '택시 기사', '베스트셀러 작가', '서울대 수석' 변호사 장승수. 그는 누구보다 실패를 많이 한 사람이다. 그러나 장승수는 포기하지 않고 막노동, 택시기사, 포크레인 조수 등을 거쳐 마침내 고등학교 졸업 6년 만에 서울대 법학과에 수석 입학했다. 그리고 그는 자서전『공부가 가장 쉬웠어요』가 출간되자마자 베스트셀러 작가의 반열에 오르기도 했다.

지금 장승수는 변호사로서 성공한 인생을 살고 있다. 그런 그에게도 어두웠던 기억들이 있다. 그는 가난한 집안 형편 때문에 대학은 아예 꿈도 꾸지 못했다. 이루고 싶은 꿈이 없으니 공부와 멀어지게 되었다. 그러다보니 자연히 엉뚱한 길로 빠졌다.

고등학교 마지막 해 여름. 그는 어느 때보다도 보충수업과 자율학습이 지겹고 힘들게만 느껴졌다.

"아무 도움도 안 되는 보충수업은 왜 하는지 모르겠어."

장승수는 보충수업과 자율학습을 피하기 위해 국비 직업훈련 과정에 들어가 포크레인 기술을 배웠다. 하지만 졸업 후 치른 포크레인 실기 시험에서 떨어지고 말았다. 그 후 그는 오락실에서 아르바이트를 하거나 신문배달, 물수건 배달 등을 했다.

그는 매일 밤 친구들과 어울려 술을 마시거나 오토바이로 스피드를 즐기며 보냈다. 그러던 어느 날 문득 이런 생각이 들었다.

'예전의 내 꿈이 뭐였지?'

'만일 지금 이대로 생활한다면 미래는 어떨까?'

장승수는 고민 끝에 더 이상 아무런 꿈도 없이 살아선 안 되겠다고 결심했다.

"다시 공부를 하는 거야. 늦었다고 생각할 때가 가장 빠른 법이라는 말도 있잖아."

그렇게 그는 '공부'에 열중했다. 고등학교를 졸업한지 일 년 후의 일이었다.

그러나 열심히 공부했지만 기본기가 충실하지 않은 탓에 고려대 정치외교학과와 서울대 정치학과 등에 지원했다가 떨어지고 말았다. 그는 절대 포기하지 않았다.

장승수는 다시 일과 함께 공부를 시작했다. 더욱 무섭게 공부에 전념했다. 그리하여 1996년 1월, 서울대 인문계열에 수석 합격하는 기쁨을 안았다.

한 때 아무런 꿈도 없이 생활했던 변호사 장승수. 그는 "공부가 가장 쉬웠어요"라고 말한다. 그동안 숱한 실패를 경험했지만 공부를 통해 자신이 바랐던 인생을 살고 있기 때문이다.

누구나 살다보면 어려움에 처하게 된다. 그렇다고 해서 두 손 놓고 앉아 고민만 해선 안 된다. 어떻게 하면 지금의 난국을 타개할 수 있는 해답을 찾아야 한다. 그리고 이건희처럼 자신의 확고한 신념으로, 지독한 근성으로 위기를 기회로 만들어야 한다.

버릴 것은 버리고 합칠 것은 합쳐라

성공자들에게는 성공 비결이 있다. 그들은 자신의 약점을 보완해주고 강점은 더욱 강화시켜주는 노력을 기울인다. 반면에 실패하는 인생을 사는 사람들은 지금보다 더 나은 내일을 살기 위한 노력에 소홀하다. 그러니 다람쥐 쳇바퀴처럼 매일 같은 일상이 주어지는 것이다.

개인이나 기업, 모두 지금보다 더 나아지고 싶다면 달라져야 한다. 이건희 회장 역시 국내 일등에서 세계적인 기업으로 변모시키기 위해 대혁신, 즉 신경영을 선언했다. 신경영 선언 이후 품질 개선을 위한 노력의 일환으로 비서실 직할로 소비자문화원을 설립했다. 사장단 평가 자료로 품질지수를 도입하는 강력하게 처방에 나선 것이다. 하지만 오랫동안 양 위주의 경영을 해온 관행은 쉽게 질 경영으로 바뀌지 않았다.

그러다 1995년 '휴대폰 사건'이 터졌다. 삼성전자는 설 선물로 휴대폰 2,000여 대 가량을 임직원들에게 돌렸다. 그런데 대부분의 사람들에게서 '통화가 잘 되지 않는다'는 불만이 속출했다. 때마침 삼성의 불량 휴대폰이 팔린다는 보고가 이건희의 귀에 들어갔다.

이건희는 화가 난 표정으로 말했다.

"아니, 아직도 전화기 품질이 그 모양인가. 고객이 두렵지도 않나, 돈 받고 불량품을 팔다니…"

이건희는 특단의 조치가 필요하다고 생각했다.

"시중에 유통되고 있는 제품을 모조리 회수해 공장 사람들이 전부 보는 앞에서 태워 없애라."

운동장 한복판에는 키폰, 무선전화기, 팩시밀리, 휴대폰 등 15만 대의 제품들이 산더미처럼 쌓여 있었다. 돈으로 계산하면 무려 500억 원에 달하는 액수였다. 진행자가 지시를 하자 해머를 들고 있던 근로자들이 제품들을 박살내기 시작했다. 형체를 알아볼 수 없을 만큼 처참히 박살이 난 제품들을 불을 붙여 화형식을 시작했다.

이날 화형식에 참석한 임직원들은 모두 자신들의 자존심이 부서지고 불타는 듯한 고통을 느껴야했다. 하지만 그 고통 속에서 이건희 회장이 주장하는 질경영을 향한 강력한 의지를 다졌다.

2000년 여름 휴가 중이던 이기태 사장이 이건희 회장의 호출을 받고 급히 30여 종의 개발품을 가지고 한남동 자택을 찾았다. 이기태 사장의 제품 설명이 끝나자 이건희는 "잡기 편할 정도로 넓지만 휴대가 용이하게 가볍고 얇아야 한다."며 두 개의 기능을 합쳐보라고 지시했다.

이건희 회장은 소병해 비서실장이 호가호위하고 있다고 생각했다. 그는 1993년 오사카 회의 때 소병해 비서실장이 이병철 회장을 등에 업고 권력을 휘두르든 모습을 이렇게 회고했다.

"삼성의 사장단 회의는 어전회의였다. 선대 회장을 비판하려는 게 아니다. 비서실장이 (회의) 전날 PD 노릇을 했다. 'A사장 이것 준비하고, B상무는 이것을 물을 거야. C이사, 당신에게는 이것을 물을지 몰라.' 등등…. 이게 과거 우리 그룹의 사장단 회의 모습이었다."

이건희는 생각을 거듭한 끝에 비서실을 축소하기로 결심했다. 삼성 비서실의 역사는 1959년부터 시작되었다. 당시 창업자 이병철 회장의 지시로 만든 비서실은 최초 20여 명으로 삼성물산의 일개 '과'로 시작해 1970년대에 삼성의 조직 규모가 커지면서 급성장하게 되었다. 그리고 1967년에는 비서실 안에 그룹 감사실이 생겨나면서 비서실의 그룹 내 위상과 권한은 하늘을 찔렀다.

비서실의 가장 중요한 역할과 임무는 크게 두 가지였다. 이병철 회장이 제시한 사업 방향성과 가이드라인을 전체 계열사에 전파하고 각 계열사의 활동이 유기적으로 이어질 수 있도록 지휘 감독하는 것과 또 각 계열사 및 국내외 관련 정보를 수집해서 분석한 뒤 이를 이병철 회장에게 보고하는 것이었다.

1990년 초 이건희는 너무 비대해진 비서실을 축소 개편을 단행했다. 비서실의 15개 팀을 10개 팀으로 축소하고 비서실장의 권한을 대폭 축소했다. 그렇게 해서 이건희는 삼성그룹을 실질적으로 장악할 수 있었다.

이건희 회장이 기존의 비서실 권한을 축소한데는 깊은 뜻이 있었다. 비서실의 핵심 권한인 계열사에 대한 비서실의 감사 권한을 제한해 두 가지 이점을 취할 수 있었다. 선대 이병철 회장 체제의 비서실을 축소할 수 있었고, 각 계열사는 실패에 대한 부담에서 조금이나마 자유로워져 새로운 사업에 도전할 수 있게 된 것이다.

이건희 회장은 기업이 소비자들에게 사랑 받기 위해선 끊임없는 혁신이 이루어져야한다고 생각했다. 그래서 임직원이 강하게 반대하더라도 자신의 확고한 소신대로 밀고 나갔다. 삼성이 지금처럼 일류 기업이 될 수 있었던 것은 끊임없는 혁신을 통해 세계 최고의 경쟁력을 창출했기 때문이다.

미래는 진짜 공부를 하는 사람의 것이다

언제부턴가 취업난이 아닌 취업전쟁이라는 말이 더 어울린다. 그만큼 취업의 문이 비좁다. 낙타가 바늘구멍에 들어가는 것보다 더 힘든 것이 이 시대의 취업이다. 어쩌면 아직 절박하지 않은 현실에 있는 여러분에게 이 말이 실감나지 않을지 모른다. 그렇다면 근처 대학 도서관에 가보라. 그러면 내가 하는 말이 '진짜'라는 것을 느끼게 될 것이다.

며칠 전 대화를 나누었던 한 대학생의 말이 떠오른다.

"며칠 전 방학 이후 처음으로 학교에 갔습니다. 다들 졸업을 앞두고 자격증 공부며, 취업 공부에 한창이더라고요. 저는 도서관 열람실에 들어서자마자 꽉 찬 학생들을 보고 순간 '지금 시험기간인가?' 하는 생각마저 들었습니다. 잠시 후 과 친구가 '평소 우리가 자주 가던 열람실은 자리에 없이 이쪽으로 왔어' 라고 말했습니다. 지방대에다 국립대도 아닌 우리 학교에서 공부 열기가 이토록 대단할 걸 보면 취업전쟁이라는 말이 실감납니다."

나는 학생들에게 취업을 앞두고 번갯불에 콩 구워먹듯이 스펙에 치중하지 말고 미리미리 진짜 공부를 하라고 조언한다. 내가 말하는 진짜 공부란, 틀에 박힌 공부가 아닌 창조적인 공부를 말한다. 지금과 같은 세계적은 금융 위기와 불황으로 힘들 때 필요한 것은 창조적인 공부이다. 상식 하나 더 외워서 스펙을 높이는 건 진짜 공부라고 할 수 없다. 결코 자신이 가진 잠재력과 역량을 제대로 발휘할 수 없다.

정신과 전문의 이시형 박사는 『공부하는 독종이 살아남는다』에서 진짜 공부의 필요성에 대해 언급하면서 한 가지 사례를 들었다.

몇 달 전 젊은이가 생각납니다. 취업차 제 사무실을 찾아왔습니다.
젊은이에게 물었습니다.
"자네는 뭘 잘할 수 있나?"
"무엇이든 맡겨만 주시면 최선을 다하겠습니다."
"그것만으로는 안 돼. 자네가 투수라면 어떤 타자라도 요리할 수 있는 다양한 구질이 필요해. 그리고 결정적인 순간, 타자를 아웃시킬 결정구가 또 있어야 해."
"결정구를 만들려면 어떻게 해야 하나요?"

"이 사람아, 여기저기 기웃거리지 말고, 이런 때일수록 차분히 앉아서 공부를 하게. 얄팍한 이력서 한 장 채우려는 게 진짜 공부는 아니야. 누구도 하지 않았던 새로운 분야라야 해!"

젊은이는 뭔가 실마리를 잡힌다 싶었나 봅니다.

"가령 어떤 공부를?"

"음… 일단 대학 학과에 없는 분야를 골라 도전하는 게 좋아. 예를 들면 물도 괜찮아. 요즘 물에 대한 관심이 얼마나 많은가. 그런데 정작 물에 대한 전문가는 그리 많지 않지. 회사는 창조적인 전문가를 찾고 있어. 구직난이라지만 실은 구인난이야."

젊은이는 고개를 갸웃거리며 하산했습니다.

그런데 정확히 넉 달 뒤, 그가 내 사무실에 다시 나타났습니다. 이번엔 물을 들고.

"선생님, 이게 우리 회사가 자랑하는 'ㅇㅇ물'입니다. 선생님 덕분이에요. 감사합니다."

그는 정말로 물 회사 R&D 부서 연구원이 되었습니다. 나와 헤어진 후 곧장 책방으로 달려간 그는 물에 관련된 모든 책을 읽었다고 합니다. 인터넷을 뒤지고, 책 저자들을 직접 찾아다니고, 물 회사를 견학하고, 세미나에 참석하는 사이 그는 완전히 물 전문가가 되었다고 합니다.

그렇다면 젊은이는 어떻게 해서 물 회사 연구원이 되었던 것일까?

이시형 박사는 이렇게 말한다.

"취업 방법도 색달랐습니다. 취업을 부탁하러 그 회사에 간 게 아니었습니다. 컨설턴트로 찾아간 것이죠. 준비해 간 동영상으로 프레젠테이션을 하자 연구진도 그의 발표 내용에 관심을 보였습니다. 진지한 토론이 3시간 넘게 이어졌습니다. 그 자리에서 바로 채용이 결정되었습니다."

이건희는 어떤 분야건 깊이 파고든다. 그는 보통 사람은 절대 따라할 수 없는 배움에 대해서는 광적일 정도의 열정을 가지고 있다. 그래서 그는 자동차를 비롯해 골프, 유도, 진돗개 등에 대한 것은 전문가 이상의 수준을 갖추고 있다. 한 분야를 넓고 깊게 파고들었기에 가능하다.

국내에서 업의 개념을 처음 말한 사람은 삼성 이건희 회장이다. 그는 술집을 예로 들어 설명했다.

"여러분이 술집 경영자라고 생각해 보십시오. 술집의 경영자들은 술장사가 업이라고 생각하는데 술집 경영자의 업은 수금(收金)입니다. 매출을 늘리는 것도 중요하지만 수금이 가능한 매출, 손님을 기분 나쁘게 하지 않는 수금 방법, 수금 기간을 줄이는 좋은 프로세서 등에 관심이 있으면 그는 성공합니다. 이런 것이 업의 개념입니다."

한 번은 이건희 회장이 신세계 사장에게 "백화점의 업(業)은 무엇인가?"라고 물었던 적이 있다. 그래서 신세계 사장은 "유통업입니다."라고 대답했다. 그러자 이건희는 질책하면서 "그러니 신세계가 아직 1등을 못하지. 신세계의 업의 개념은 부동산"이라고 말했다. 쉽게 말해 길목 요지를 선점에서 승부가 결정된다는 뜻이다.

이건희 회장은 업의 개념에 대해서 다음과 같이 설명했다.

"사업이라는 것은 저마다 독특한 본질과 특성을 갖고 있으며 사업마다 업의 본질이 다르니 핵심 성공요인도 달라진다. 그러므로 사업의 본질과 특성을 제대로 알고 핵심 성공요인을 찾아 관리역량을 집중하는 것이 전략경영의 요체다. 그리고 경영자가 자기 업의 개념을 모르면 전략, 전술이 나올 수 없으며 제대로 관리할 수도 없다."

이렇듯이 업의 개념은 시대와 상황의 변화에 따라 달라진다. 누가 먼저 정확하게 변화하는 업의 개념을 집어내느냐가 기회선점의 관건이라고 할 수 있다.

미래는 진짜 공부를 하는 사람의 것이다. 학교에서 가르쳐주는 것에만 국한하지 말고 학교에서 가르쳐주지 않는 것에도 관심을 가져야 한다. 진짜 공부란, 다양한 분야의 책을 읽고 자신이 꿈꾸는 분야의 성공한 사람들에게 배우는 것이다. 나는 다음 사항을 여러분의 생활에 적용해보라고 권하고 싶다.

첫째, 전문가를 만나라.

자신이 꿈꾸고 있는 분야에서 성공한 사람들이 바로 전문가이다. 그들이 쓴 책을 읽고 궁금한 사항을 메일을 통해 물어보자. 그리고 그들을 멘토로 삼아 배운다면 훨씬 수월하고 빨리 꿈을 이룰 수 있다.

둘째, 크게 성공한 사람의 조언을 들어라.

크게 성공한 사람에게는 반드시 성공 비결이 있다. 그 성공 비결은 작게 성공한 사람과는 하늘과 땅 차이다. 따라서 크게 성공한 사람에게 조언을 들을 때 많은 것을 배울 수 있다. 또한 성공 비결 외에도 인생을 살아가는 자세 등에 대해 소중한 조언을 구할 수 있다.

갈수록 시대가 복잡해지고 경쟁이 치열해진다. 그렇더라도 남들이 다 하는 그저 그런 공부가 아닌 진짜 공부를 한다면 얼마든지 원하는 인생을 만들어갈 수 있다. 세상에는 수많은 기회가 널려 있기 때문이다. 다만 그 기회가 진짜 공부를 한 사람들의 눈에만 포착 된다.

마지막으로 바늘구멍보다 더 좁은 취업의 문을 통과한 한 여대생의 말을 기억해보자.

"뚜렷한 목표 없이 취업경쟁에서 살아남기 위한 단순한 스펙 쌓아올리기가 아닌 자신의 꿈을 이루기 위한 의미 있는 스펙 올리기가 되어야 한다."

구르는 돌에 이끼가 끼지 않는다

'구르는 돌에는 이끼가 끼지 않는다'라는 말이 있다. 부지런히 움직여 정체되지 않도록 해야 한다는 말로 사용한다. 부지런하고 꾸준히 노력하는 사람은 침체되지 않고 계속 발전하기 때문이다.

이건희 회장의 인생 역정을 되돌아보면 쉬지 않고 구르는 돌과 같다는 것을 알 수 있다. 그는 잠시도 정체되는 일 없이 새로운 도전을 향해 나아갔다. 그 결과 새로운 성과를 발휘했고 지금처럼 삼성을 세계 일류 기업으로 변모시킬 수 있었다.

잠시 그동안 이건희가 걸어온 길을 살펴보자.

그는 부산사범부속초등학교 5학년 때 도쿄로 유학을 갔다. "선진국을 보고 배우라"는 아버지의 지시 때문에 어쩔 수 없이 일본으로 유학을 떠나 3년간 생활하게 된 것이다. 그는 일본으로 가기 전 불안과 두려움에 휩싸였다. 더군다나 내성적인 건희가 낯선 나라에서 말도 통하지 않는 일본 아이들과 공부를 해야 한다는 것이 눈앞이 캄캄했던 것이다. 이건희는 둘째 형인 이창희와 일본인 가정부와 함께 살면서 도쿄의 한 초등학교에 다녔다.

그는 1년 동안 일본어를 익히느라 고생했다. 내성적인 성격으로 남 앞에 서는 것을 싫어하는 탓에 일본어 공부와 학교 공부를 병행하느라 유학생활은 지옥이었다. 당시 일본인들은 한국을 후진국으로 여기고 있었다. 그래서 후진국에서 온 한국인에 대해 차별이 심했다. 지금 우리나라 사람이 필리핀이나 태국, 캄보디아에서 온 사람들에 대해 은근히 차별하고 왕따 시키는 것과 비슷하다고 생각하면 된다. 이건희는 일본어까지 잘할 줄 몰랐기 때문에 수업을 따라갈 수 없었다. 그래서 학교 친구들에게 따돌림 당하기 십상이었다.

이건희는 학교에서 친구에게 조센징이라는 놀림을 받으며 왕따를 당했다. 그래서 그는 마음 터놓고 지낼 친구를 사귀지 못했다. 당시 누구보다 외로웠던 건희는 이국의 낯선 환경에서 영원처럼 길 것만 같은 시간을 생산적으로 활용했다. 방과 후 극장에서 살다시피 하여 그 무렵 본 영화는 1,200~1,300편에 이를 정도였다.

건희는 캄캄한 극장 안에서는 마음이 더없이 편안했다. 일본인들의 시선에 신경을 쓰지 않아도 되고 그림자처럼 따라다니던 외로움도 느낄 수 없었다. 무엇보다 영화에 푹 빠져 있으면 시간 가는 줄 몰랐다.

건희는 초등학교를 마치고 일본의 중학교로 진학했다. 건희가 3

년 간 일본에 머물던 시기에 일본은 프로레슬링의 전성기였다. 당시 한국계 프로레슬러였던 역도산의 인기가 하늘을 찌르고 있었다. 역도산은 미국선수들을 일본으로 초청해 경기를 가지면서 일본에 프로레슬링 붐을 일으킨 인물이다. 이건희는 자신도 모르게 역도산에 흠뻑 매료되었다. 그래서 일본에 머물렀던 시절 수차례 역도산을 만나기도 했다.

당시 일본인들은 한국을 전쟁과 가난으로 얼룩진 후진국으로 여기고 있어 민족차별이 심했다. 이때 역도산은 그가 일본에서 보낸 유년 시절의 외로움을 극복할 수 있는 힘이 되어주었다.

건희는 중학교 1학년을 마치고 아버지 이병철을 졸라 서울로 돌아왔다. 귀국해서는 서울사대부중에 편입하였다. 중학교 졸업 후에는 서울사대부고를 다녔다. 고등학교에 입학하자마자 레슬링부에 들어간 이건희는 2학년 말까지 레슬링을 계속했다. 이때 그는 웰터급 선수로 전국대회에 나가 입상을 할 만큼 천부적인 재능을 가지고 있었다.

이건희가 입사했을 당시 동양방송은 신생 TV방송국에 지나지 않았다. 특히 7번 채널이 생긴지 2년 밖에 되지 않았던 탓에 그는 아침 8시에 출근해 밤 10까지 일에 매달렸다. 그는 첫 직장으로 동양방송에 입사했지만 가슴이 답답했다. TV는 시청률이 생명이자 밥줄인데 동양방송의 시청률이 너무나 저조했기 때문이다. 그는 동양방송의 시청률을 하루 속히 끌어올려야겠다고 다짐했다.

이건희는 수없이 '동양방송이 살기 위해 어떻게 해야 할까?'라는 물음을 던졌다. 그 결과 드라마에서 1등을 해야 한다는 결론을 얻었다. 드라마가 재미있을 때 시청자들은 해당 채널을 고정 시키고 동양방송과 익숙해질 것이기 때문이다.

그렇다면 드라마를 잘 만들기 위해 어떻게 해야 하나, 라는 물음에 봉착했다. 이건희는 주연보다 조연배우의 비중이 크다고 생각했다. 실력 있는 조연배우가 주연배우를 받쳐줘야 연기가 돋보일 뿐 아니라 드라마가 산다는 것이다.

이건희는 능력은 있지만 다른 방송사에서 그 가치를 인정받지 못하는 조연배우들을 확보하기 위해 애썼다. 그때 섭외했던 조연배우들이 현재에도 잘나가는 강부자, 여운계, 이순재, 사미자 등 원로 배우들이다. 그는 보수 등 처우 면에서 파격적으로 대우를 했다. 그 결과 조연들은 자신의 모든 역량을 발휘해 연기를 잘해주었다. 그러자 당연히 MBC나 KBS보다 시청률 면에서 현저히 앞서게 되었다. 언론 통폐합되기 직전인 1980년대에는 한 프로그램의 시청률이 80%에 달할 정도였다. 폭발적인 시청률 덕분에 광고 수입이 늘어나 회사의 재정도 탄탄해졌다.

이건희는 21세기는 반도체가 대세라는 것을 깨닫고 이병철 회장에게 "우리도 반도체 사업을 시작해야 한다."고 제안했다. 하지만 반도체 사업의 중요성을 잘 알지 못했던 이병철 회장은 천문학적인 돈이 든다는 이유로 반대했다. 하지만 그때 이건희는 자신의 사비를 털어 국내 최초의 반도체 회사인 한국반도체를 인수했다.

그는 미국 실리콘밸리를 무려 50여 차례 이상 방문하는가 하면, 일본을 오가며 반도체 사업을 일으키기 위해 노력했다. 그는 반도체에 관한 지식과 정보를 얻기 위해 일본 기술자를 몰래 데려와서 우리 기술자들에게 밤새워 기술을 전수받게 했다. 그의 그런 노력에 힘입어 이병철 회장도 반도체 사업의 중요성을 깨닫고 1982년 27억 원을 들여 반도체 연구소를 설립했다. 그리고 다음 해 마침내 삼성의 반도체 사업 진출을 공식화했다.

이건희 회장은 평소 모습을 잘 드러내지 않고 과묵하며 사색을 즐긴다. 어딘가 어눌해 보이고 말도 걸음도 느린 편이다. 목석처럼 표정에도 변화가 없어 그를 만나는 사람들은 하나같이 긴장한다. 하지만 신기하게도 사장단과 임직원들에게 위기의식을 불러일으켜 자극을 주고 성과를 발휘하게 한다.

그렇다고 이건희 회장이 경영의 천재로 태어났던 것은 아니다. 그는 그 분야의 전문가라면 당연히 가지고 있는 박사학위 하나 없다. 물론 대학에서 준 명예박사학위는 여럿 있다. 하지만 그는 골프며, 레슬링, 영화, 진돗개, 자동차 등에 대해서는 누구도 따라갈 수 없는 뛰어난 전문가이다. 그는 거의가 혼자서 배우고 익혔다. 하지만 좀 더 자세하게 배울 필요가 있을 때는 전문가를 초빙해 철저하게 배웠다.

이건희 회장은 삼성그룹의 총수로 있을 때 자신의 집무실에도 잘 나오지 않고 주로 한남동의 승지원에서 업무를 보곤 했다. 특히 그는 야행성 체질인 탓에 낮보다는 주로 밤에 업무를 본다. 말이 업무지, 몇 시간이고 움직이지 않은 채 생각에 잠겨 있다. 초밥 서너 개만으로 하루를 버티며 48시간 동안 잠도 자지 않은 채 생각만 하는 때도 있다.

이건희는 어떤 사업에 도전하기 전에 자신이 원하는 답을 찾을 때까지 치밀하게 조사한다. 그리고 그 사업을 해야만 하는 이유를 스스로에게 '왜?'냐고 거듭 묻는다. 그 다음 열 번 이상 생각한다. 이런 과정 속에서 사장단이 미처 헤아리지 못한 부분을 짚어낸다.

이건희 회장은 과묵하고 몸동작은 느리지만 생각은 누구보다 빠르다. 어떤 사업을 시작하기 전에 철저한 사전 조사를 거친 후 시작하는 치밀함이 있다. 특히 그는 항상 지금보다 더 나은 성과를 발휘하기 위해 끊임없이 자신에게, 사장단에게 물었다. 그의 일생은 쉬지 않고 구르는 돌과 같다는 것을 알 수 있다.

인생은 단 한 번뿐이다. 한 순간 한 순간이 생방송이다. 최선을 다해 어제보다 더 나은 인생을 살도록 노력해야 한다. 성공은 쉬지 않고 자신을 갈고 닦는 자의 것이다. 자신의 꿈을 향해 이건희 회장처럼 거침없이 도전하는 여러분이 되었으면 한다. 그래서 후회 없는 인생, 눈부신 인생을 살기를 바란다.

이 건 희 처 럼

성실과 끈기로 세상의 주인공이 되어라

'미국 역사상 최연소 합참의장', '흑인 최초의 국무장관' 콜린 파월. 그는 미국 뉴욕의 가난한 이민자들이 모여 생활하는 사우스브롱크스에서 살았다. 그의 집은 너무나 가난했기 때문에 스스로 용돈을 벌어야 했다. 하지만 아르바이트 자리를 구하기가 쉽지 않았다.

그러나 콜린 파월은 포기하지 않고 아르바이트를 구하기 위해 열심히 돌아다녔다. 그의 하루 일과는 매일 거리를 돌아다니면서 새로운 일자리를 찾아다니는 것이었다.

그러던 어느 날, 콜라 공장에서 여름 동안 바닥을 청소할 사람을 구한다는 전단이 눈에 띄었다. 그는 용돈을 벌 수 있다는 기쁜 마음에 곧 바로 지원했다. 그가 하는 일은 인부들이 바닥에 흘린 콜라를 깨끗하게 닦아내는 것이었다. 혼자서 큰 공장 전체의 바닥을 닦는 일은 여간 만만하지가 않았다.

한번은 콜라 병이 가득 들어 있는 상자가 넘어졌다. 순식간에 바닥은 유리 파편과 콜라가 뒤섞여 아수라장이 되고 말았다. 사람들은 치울 생각은커녕 모두들 나 몰라라 하며 그냥 지나칠 뿐이었다.

그는 몇 시간 동안 혼자 쭈그리고 앉아 유리 조각을 줍고 바닥을 닦았다. 그때도 사람들은 도와주지 않고 그냥 지나칠 뿐이었다. 하지만 그는 묵묵히 자신의 일에 최선을 다했다. 그렇게 열심히 일한 덕분에 다음 해 여름에 다시 채용해 주겠다는 약속을 받아냈다.

다음 해 여름, 그가 콜라공장을 찾아갔을 때는 책임자는 바닥 청소대신 음료주입기를 맡겼다. 그리고 여름이 끝날 무렵 그는 음료주입 팀의 부책임자로 승진했다. 그 모든 것은 그가 보여준 성실함 때문이었다.

훗날 그는 자신의 성공비결에 대해 이렇게 말했다.

"콜라공장에서 일할 때 얻은 교훈이 저를 성공으로 이끌었습니다."

후회 없는 인생을 살기 위해선 구르는 돌이 되어야 한다. 구르는 돌에는 절대 이끼가 끼지 않는다. 마찬가지로 순간순간 최선을 다하는 사람은 자신의 처지를 불평하지 않는다. 오히려 자신의 부족한 부분을 성실과 노력으로 채우고 목표와 꿈을 향해 도전한다. 그렇게 하나하나 자신의 인생을 멋지게 가꾸어 나간다.

나는 여러분이 자신에게 어떤 일이 주어지든 멋지게 해내길 바란다. 그래서 이 세상 그 누구보다 멋있고 행복하게 살기를, 영화 속 주인공처럼 세상의 주인공이 되길 바란다.